活力依旧的托斯卡纳：圣吉米尼亚诺一个陶艺工作室的橱窗陈列

美丽的托斯卡纳全景图：锡耶纳南部的农耕景色，远处是皮恩扎的房屋建筑

托斯卡纳最美乡村
接近无限温暖的旅行
去意大利最意大利处

【英】詹姆斯·本特利◎著
【英】雨果·帕莫尔◎摄
宋娟娟◎译

廣東旅游出版社
GUANGDONG TRAVEL & TOURISM PRESS
悦读书·悦旅行·悦享人生

中国·广州

图书在版编目（CIP）数据

托斯卡纳最美乡村：接近无限温暖的旅行，去意大利最意大利处 /（英）本特利著；（英）帕莫尔摄；宋娟娟译. -- 广州：广东旅游出版社，2015.3
ISBN 978-7-80766-964-7

Ⅰ. ①托… Ⅱ. ①本… ②帕… ③宋… Ⅲ. ①乡村－旅游指南－意大利 Ⅳ. ① K954.69

中国版本图书馆 CIP 数据核字 (2014) 第 222604 号

出 版 人：刘志松
策划编辑：陈晓芬
责任编辑：李　丹
封面设计：蔺　辉
内文设计：邓传志　冼志良
责任技编：刘振华
责任校对：李瑞苑

广东省版权局著作权合同登记号：图字 19-2014-121

Published by arrangement with Thames & Hudson Ltd.
London
Simplified Chinese rights arranged through Beijing GW Culture Communications Co., Ltd.
Copyright © 1995 Thames & Hudson Ltd, London
Text copyright © 1995 James Bentley
Photographs copyright © 1995 Hugh Palmer
This Edition first published in China in 2015 by Beijing Times Bright China Co., Ltd, Beijing
Chinese edition © Beijing Times Bright China Co., Ltd
本书的出行资讯为出版社编辑部编辑

广东旅游出版社出版发行
（广州市天河区五山路 483 号华南农业大学 公共管理学院 14 号楼三楼　邮编：510630）
深圳市希望印务有限公司印刷
（深圳市坂田吉华路 505 号 大丹工业园二楼）
开本：787 毫米 × 1092 毫米　16 开
印张：13.5
字数：160 千字
版次：2015 年 3 月第 1 版
印次：2015 年 3 月第 1 次印刷
印数：1-3500 册
定价：68.00 元

版权所有　侵权必究
本书如有错页倒装等质量问题，请直接与印刷厂联系换书

作者致谢

感谢克丽丝特尔假日酒店（Crystal Holiday）的友情赞助，在我写这本书时给我提供了位于博尔戈戴勒莫尔的最好的别墅住宅，就在蒙特普齐亚诺的外面；还要感谢意大利国家旅游局，尤其是公关部主任欧金尼奥马尼亚尼先生。

摄影师致谢

我在托斯卡纳的旅行能如此顺利且愉快离不开许多人的帮助，尤其要对珍妮特·黑尔斯、马克、希瑟、费里克斯、特雷莎、伊格内休斯、巴蒂亚帕西尼亚诺的威廉罗波特、克劳迪奥马蒂内利表达谢意。本书中的所有图片都献给我的妻子霍妮（Hoonie），表达我对她深深的爱。

目录

引言　　　　　　　　　　　　　　　　　　　　　　　　6

佛罗伦萨和卢卡周边乡村　　　　　　　　　　　　　19

巴尼迪卢卡/25　　迪新堡加尔法尼亚纳/30
卡斯蒂缪内迪加尔法尼亚纳/34　　库蒂利亚诺/41
乌扎诺/44　　科洛迪/47　　维克皮萨诺/51
阿尔蒂米诺/55　　斯卡尔佩里亚/58　　维基奥/64
斯蒂亚/69　　波比/73　　卡马尔多利/77

锡耶纳和阿雷佐周边乡村　　　　　　　　　　　　　83

圣吉米尼亚诺/86　　卡索莱德尔萨/97
吉安蒂的拉达/101　　吉安蒂的卡斯泰利纳/106
蒙特其/111　　圣萨维诺山/114
菲耶纳德拉基亚娜/120　　卢奇尼亚诺/125
皮恩扎/133　　蒙达奇诺/140
圣奎里科欧齐亚/146　　卡斯蒂戈隆德欧齐亚/150

南部乡村　　　　　　　　　　　　　　　　　　　　157

肯托纳/161　　拉迪科法尼/166
索瓦纳/173　　阿尔奇多索/176
阿巴迪亚圣萨尔瓦托雷/182　　萨图尼亚/188
皮蒂利亚诺/190　　蒙特梅拉诺/198
托斯卡纳的马利亚诺/203　　波普罗尼亚/207
安塞多尼亚/212

参考文献　　　　　　　　　　　　　　　　　　　　215
地图　　　　　　　　　　　　　　　　　　　　　　216

引言

托斯卡纳的暮色：光影围绕在波比（poppi）周围

圣吉米尼亚诺塔、西塔德勒贝莱托瑞赫然耸立在地平线之上，在托斯卡纳特有的葡萄园和柏树景色中独树一帜（P.7图）

尽管我们对托斯卡纳的印象来自这里文艺复兴时的艺术，但这片土地上的小镇和乡村才是真正看得到的艺术。来这里旅行，尤其是穿过基安蒂地区由南向北，你会发现保存完好的枫树、白杨树、山下小镇、富裕的城市以及文艺复兴时期令人陶醉的乡村。

建筑师也因这里建筑的多样性而加入了艺术的行列。一部分建筑师创造的是那个时代的画家们描绘出来的景色。圣萨维诺山就很幸运，因为安德烈·康图奇1460年就出生在附近的坡乔罗（poggiolo），他作为一位建筑师和雕刻家，拥有的技能使他在佛罗伦萨、罗马以及远到葡萄牙都享有盛名。他不仅选择住在这里，而且在这里建了许多上好的纪念碑。对安德鲁圣萨维诺而言，它是名副其实的拥有带着柯林斯拱廊的洛贾代莫坎特（loggia dei mercanti），是建筑师在16世纪40年代设计建造的。

除了这些建筑艺术，这里还有橄榄园、柏树、树林，当然还有一些美丽小镇，像比萨、佛罗伦萨、阿雷佐、卢卡、沃尔泰拉和锡耶纳。还有用本地的一些食品做的菜，像有名的卢卡橄榄油、种类超多的肉品、上好的红酒，这些都让你对托斯卡纳有一个不同以往的新印象。

但是托斯卡纳比这些乡村田园风景更加美丽宜人：它延伸到基安蒂地区，深受北部参观者和六大城镇人们的喜爱。亚平宁山脉伸展到它的北部和东部边缘；西南边界是伊特鲁里亚海，海岸边是成排的小村镇；南部边界是拉丁姆，东部边界要延伸到翁布里亚和马尔凯斯。在托斯卡纳上边的穆杰罗更加崎岖，还有紧靠在马萨和卡拉拉阿尔卑斯山的一部分，更是一片荒野，托斯卡纳人称它为阿普亚内山。在卡拉拉附近的蒙特奥特思茅（Monte Altissimo）依然提供洁白的大理石，米开朗基罗曾用一样的大理石来做佛罗伦萨的圣洛伦佐教堂（san Lorenzo），是另一位大的赞助者——美第奇（the Medici）

托斯卡纳的乡村到处都可以瞥见对面的远景。这里古代的房顶和加尔法尼亚纳新堡建筑（上图）非常美丽，展现了12世纪时村里城堡的坚固的墙。即使在乡村外面，托斯卡纳也是被一些小村庄和成簇的小型建筑物环绕着，这座富有三个钟的钟楼被遮挡在斯蒂亚与卡马尔多利（P.9图）之间陡峭的山峰里

钟爱托斯卡纳景色的人很快就会察觉到这里一些特别区域的复杂特性。所以在1818年谢利曾赞美亚诺河谷"向外看，首先是橄榄树与葡萄藤覆盖的小山，然后是栗树林，接着就可以看到白色与雾色的枫树林，这些都让消失在远处的亚平宁山脉更加迷人"。

迷人的栗树、洋槐、矮橡树和金雀花混合在一起，覆盖了托斯卡纳很多丘陵和山脉；山里面也是林木茂盛，尤其是蒙特阿咪亚特（Monte Amiata），海拔1738米，是亚诺河南部最高的山峰，它在这里为摇摇欲坠的小村庄遮挡寒酷的风。沃尔特啦附近的林地被田地取代了，但这片土地仍提供一些稀疏的树木，在土壤被侵蚀的地方都会出现裂缝。

这个地区零星分布着一些小湖，包括位于橄榄园中央的卡夏那泰尔梅，经由两旁树木林立的小径和新艺术派的建筑物就可以到达那里的浴场，从托斯卡纳河谷流出的条条河流将流经一些美丽的乡村，像是在赛尔基奥河与浅滩汇合之处的加尔法尼亚纳新堡。有些河谷尤其的"殷勤"，尤其是欧奇亚河谷，很多个小村庄沿它而建，比较有名的有卡斯蒂缪内欧奇亚和圣奎里科欧奇亚。

对托斯卡纳来说，防御侵略者比欣赏自然美景更重要。城市的控制者们想增加他们的权势及财富。佛罗伦萨和它的附属地区对抗锡耶纳和它的附属地区，而且，他们的竞争最终总会演变为战争。教皇与皇帝的冲突最终会恶化为支持皇帝的皇帝党员派与支持教皇的归尔甫派之间的争斗。托斯卡纳的乡村或小镇，尤其是那些沿着河谷而建的，就被当成在战争中取胜一方的战利品，这样的地区尤其值得加固防守，具有防御功能的山顶在当时尤其受欢迎（一些高地也可以让人们逃离霍乱用）。所以，一次又一次的，城堡主宰着这里的小村庄的命运。现在，这些城堡大都被毁掉了，但当时曾具有巨大的战略和防御意义。

托斯卡纳的名字就取自伊特鲁利亚镇，这里在公元前351年被罗马人占领，他们利用这里居民的生产技术，并且在居民区居住，但他们没有破坏伊特鲁利亚文明，这些古老的文明被我们这一代的考古学家发现并被视为惊人的艺术成就。罗马人也把他们自己的技术带到了这里，其中一项就是道路建设，世界上最好的道路之一——卡西安路就是在公元前220年左右建造的，目的是为了控制伊特鲁利亚。这条路通过佛罗伦萨和菲索尔与罗马相连接，还经由维泰尔博和图西雅平原，过了博尔塞纳湖岸，穿过锡耶纳，这条路才蜿蜒进入在拉齐奥与圣奎里科欧齐亚之间的河谷。圣奎里科欧齐亚是个绝美的乡村，这里的财富也因为这条路而更加有保障。

基督教时期见证了这里与卡西亚平行的另一条路上的建筑。弗朗西格纳（Via Francigena）路是为朝圣者们设计的，也丰富了托斯卡纳的多样性。因此，小村镇的修道院能给游客带来各种惊喜，比如，有爱尔兰的精美圣物箱，还有基督教时期的早期在修道院周围建了很多我们今天所看到、欣赏到的小村镇。

同时，伦巴族人依靠他们在卢卡市的权力，将这些地区从政治上连接到一起。查理曼大帝，在8世纪时控制着意大利北部的大部分地区，他迫使这里变成了防御功用的地区，保卫着这里的大部分地区，这些地区大都被卢卡市的伯爵掌控着。很快，这些伯爵就开始向现在我们看到的托斯卡纳要求主权。但是，他们能成功的机会是有限的。许多托斯卡纳乡村及城镇都反对即将统治他们的郡主，坚守自己独立自由的市镇。通过让吉柏林党与归尔甫派相斗，他们获得一定程度上的自由。但是，在以后的几个世纪里，托斯卡纳的城市及乡村还是处于相互分裂的状态，当时的封建家族马拉斯皮那及奥尔杜布兰德争夺统治权。一些宫殿和城堡仍然保留在宁静的小乡村里。共和制的改革和自我统治的尝试也在那段时间里发生过。在托斯卡纳一些乡村里还可以看到一处遗产——以波德斯塔宫殿的样式建的宫殿。

在欧洲，没有一个地方的小镇和乡村会拥有这么多建筑财富。雕刻精美的齐格红衣主教的纹章雕饰在维艾尔莎的宫殿的外面（上图）。位于圣萨维诺山的安东尼奥达桑加罗的宫殿内部同样给人深刻的印象，门口建筑是文艺复兴时期的（P.11图）

随着锡耶纳、比萨、卢卡、波斯托亚和佛罗伦萨争着抢夺在这里的最高统治权,这里的乡村慢慢失去了它们的独立权,但它们能得到的好处就是新的统治者在这里资助的建筑师及艺术家。伟大的佛罗伦萨建筑师——菲利波·布鲁内莱斯基,为佛罗伦萨教堂设计了圆形屋顶,也在1407年佛罗伦萨占领以后的维科披萨诺筑了防御工事。锡耶纳的统治者——杜桥·德·伯恩赛格纳为卡索莱德尔萨教堂绘制了一幅《麦当娜和孩子》。同样的,游客们到了蒙特尔奇诺也会惊奇地发现意大利最伟大的哥特式雕刻家——比萨·乔丹尼·披萨诺才是这里最美的教堂宫殿的塑造者。佛罗伦萨人的胜利在1559年就得到了巩固,那年,他们的军队击败了锡耶纳,科西莫·德·美第奇一世当选为大伯爵,除了加固政治统治权力以外,美第奇伯爵和他的继承者们也没忘记在这片土地上留下建筑和艺术的标记。1737年,当最后一任美第奇伯爵逝世便后继无人,托斯卡纳就被洛林的弗朗西斯统治了,弗朗西斯与玛丽亚·特里萨联姻,所以,托斯卡纳就在哈布斯堡家族的统治之下了,直到他们被拿破仑取代。

尽管文艺复兴时期是托斯卡纳的城市和乡村最美的时期,但其他时期给这里带来的繁盛也不能被淹没。罗马式的和中世纪的哥特式建筑给这里增添了不少的优雅。当我们走进现代社会,再去看托斯卡纳,这里的建筑有巴洛克式的、洛可可式的,这些建筑风格是目前意大利其他地区没有的。

像其他托斯卡纳乡村典型的建筑一样,迪新堡加尔法尼亚纳的屋顶高出附近树林的枝叶高耸入云(P.12图)。托斯卡纳的建筑也是这个地区风景很重要的一个部分,乌扎诺使得佩夏山谷更加美丽多彩(上图)

托斯卡纳不仅有美丽迷人的乡村景色,也有丰富多样的饮食特色,尤其是在城市外面的小镇、乡村里。例如,托斯卡纳居民能够享受到刚刚出炉的面包,面包用盐和蒜入味,当地产的橄榄油使面包更加松软。在一些贫寒的乡村餐馆里,橄榄油也被用来做蔬菜汤,还经常用来涂抹在奶酪上面。

传统的宗教陶瓷做成的人物是巴格尼-卢卡当地的一大特色。尽管圣吉姆纳诺的旅游商店仍然售卖当地的陶瓷工艺品,但是这里也有商品迎合更多的非宗教人士的品味(上两图)

橄榄油还可以使白豆的清味更加明显,白豆几乎是每个国家的菜单上都会有的豆类,而且有些餐馆会在菜名中加上地方的名字。有人曾怀疑说,巴卡拉佛罗伦萨[(baccala' alla florentina)腌咸、油煎或配以西红柿和蒜来食用],这个菜不是来自佛罗伦萨,而是来自附近的一个乡村。同样的,在森林篝火上烤的牛排,我们叫它阿拉·佛罗伦萨牛排,其实是来自契安尼娜的牛。佛罗伦萨周围的村庄还提供牛百叶,牛百叶在肉汤里炖过,然后配上奶酪、西红柿和洋葱,这道菜被称为"佛罗伦萨风味肚"。

其他一些城市也自称是托斯卡纳菜品的拥有者。红酒、西红柿及香料让里窝那地区的鱼别具风味,其特色的美味鱼,现在被称为阿拉·里窝那金枪鱼,主要就是在西红柿与蒜汤里煮过的金枪鱼,这里有的餐馆还会用红鲻鱼佐料。这些菜都不是在里窝那或比萨发明的,而是出自村里的主妇们,她们的丈夫捕鱼回来,她们就配置出做法跟用料。

尽管有些城市宣称菜谱是属于它们的,但这些菜的真正发源地是托斯卡纳。其实,每个乡村或小镇都具有它们自己的特色。例如,托斯卡纳的蛋糕,就包括高能量的肉桂皮;圣吉米尼亚诺蜂蜜味的节日果包(panforte)是用杏仁、榛子、糖果搅到一起而成的甜点。

托斯卡纳的酒同样也丰富多样。意大利主要的酒品陈列橱坐落在锡耶纳的美第奇城堡里。很多酒品是某一个乡村引以为傲的特产,他们的葡萄园延伸到村子的外面。所以圣吉米尼亚诺称它的自13世纪以来闻名的维纳西卡白葡萄酒是意大利第一种获得令人垂涎的注册产地的商标的酒。

吉安蒂酒在托斯卡纳的五个省都有生产。像吉安蒂的拉达和卡斯泰利纳都因酒的美誉而引来大家的关注。其他上好的葡萄酒也是与具体的地域相关的，包括浓烈的卡尔米吉亚诺以及红葡萄酒（存放年数越久，颜色越发深红），在蒙达奇诺东部，圣奎里科欧齐亚的对面有片葡萄园，那里产的葡萄用来做诺贝尔迪蒙特普次诺红酒，这种红酒早在14世纪就开始生产了。从阿雷佐省向南到锡耶纳延伸的基安纳河谷里就盛产用以制造瓦尔蒂扎纳酒的白葡萄。

提及一个托斯卡纳乡村就能让人联想到一种葡萄酒，考虑到这里的土质就会联想到这里的酒的特性。酒的独特性不仅与葡萄有关，还与这里的土壤有关：例如，比安科二皮酒就是用在火山土地上培植的葡萄制成的，这种酒与圣托皮酒有着明显的不同，虽然它们用的都是相同品种的葡萄；这种葡萄还会用来酿制一种叫做干地亚·德·科利阿宝尼的葡萄酒，但是口味却是不一样的，一部分原因是提供葡萄的马萨省的地形。产自斯坎撒诺的红白莫瑞里诺（morellino）就从翁布罗内河与艾尔波歌诺之间的山上的地形和气候特点上获得了自己的特点。其他省也都以他们本省的乡村汇集到一起的各种酒而骄傲。在比萨市的周围就有各种生产红、白的葡萄酒。卢凯西是卢卡市很大的一块绿色区域，这里就生产独具本地特色的红、白葡萄酒，这个省的蒙特卡罗也有很多不同风味的酒产品。

这本书谈论的不是摩登现代的托斯卡纳，而是一个具有神秘色彩的托斯卡纳。就如劳伦斯在19世纪说的："托斯卡纳总是给人们一种遥远的感觉，并且它还偷偷地向自己微笑，这里群山耸立，看不到对方。

托 斯卡纳的烹饪艺术：圣吉姆纳诺的一位屠夫在仔细检查一头野猪头（顶图）

拉 达因基安蒂的一个葡萄园展示了这里生产的当地最有名的葡萄酒，黑公鸡就是这款酒的象征（上图）

托斯卡纳过去繁盛的标志（上图）；刻着的鹿，是力量的象征，也是好战的奥尔西尼家族的象征。很难想象这里曾矛盾重重，在中世纪晚期和文艺复兴时期竟产生过分裂；文艺复兴时期也是大家公认的托斯卡纳极度繁盛与和平的时期，圣吉米尼亚诺附近的葡萄园（P. 17 图）就是标记

这里有众多溪流经过的小深谷，小溪也是各自流淌着，不管周围的伙伴；这里有成百万计的完全脱离世俗的角落，虽然近千年来这里都是被耕种的，但是因为有经久不衰的手工工业，这里的葡萄和橄榄油文化并没有消失；慢悠悠的耕牛并没有破坏这片土地，没有剥夺它，没有将它变得贫瘠，也没有让这里荒凉，没有赶走这里的居住者们。小溪向前奔涌着，拍打着块块岩石，并且还穿过夜莺鸣叫的树丛，叫声整齐又不令人恐惧。"

有些对托斯卡纳的描述只关注这里的主要城市和乡村，肯定就没有将艺术家、农民、雕刻师及他们的家人包括在内，他们精湛的技艺被淹没了好几个世纪，他们有大量的遗产。真正的托斯卡纳是以复杂但不失和谐的乡村表现出来的，像皮蒂利亚诺坐落在火山顶上，从15世纪建的水渠里汲水，周围还有奥尔希尼家族建的宫殿，这里有自产的葡萄酒，居民要么在文艺复兴时期的圣玛利亚教堂里布道，要不就是去中世纪的一座巴洛克教堂。

作者记： 这本书里提及的乡村分成三个部分：佛罗伦萨和卢卡周边乡村、锡耶纳和阿雷佐周边乡村、南部乡村，大体是从北向南为大家介绍的，此外，从西向东也是来托斯卡纳的游客会采取的游览路线。

尽管有很多地方从人口和地域上来讲都比"乡村"这个术语要大，但这个词是表达这些地区紧密相簇、各具风格特点的最好阐释。在托斯卡纳最繁盛的时期——中世纪晚期和文艺复兴时期，这里的社区壮大、繁荣，并且取得了许多艺术上和建筑上的成就。虽然托斯卡纳一直在发展，但它一直保留着温暖与亲切，这就是书名所体现出的特点。

德拉马达莱娜桥,是中世纪保留下来的,独具特色,设计精美。它横贯在赛尔基奥河上,去往托斯卡纳北部的加尔法尼亚纳要经过这里

Around Florence and Lucca

佛罗伦萨和卢卡周边乡村

巴尼迪卢卡
迪新堡加尔法尼亚纳
卡斯蒂缪内迪加尔法尼亚纳·库蒂利亚诺
乌扎诺·科洛迪·维克皮萨诺·阿尔蒂米诺
斯卡尔佩里亚·维基奥·斯蒂亚·波比
卡马尔多利

托斯卡纳最具影响力的城市——佛罗伦萨风景；18世纪雕刻图（上图）

1860年乔治·艾略特的丈夫描述他们去托斯卡纳的旅行中讲道：我们花费了我们佣金的四分之一来这里旅行。第一个晚上，我们在去往佛罗伦萨的菲耶索莱的途中体验了最舒适的游览。在这样的风景中，眼睛才能最大程度享受绵延起伏的山丘的绿色之美，白色的房屋建筑映入眼帘，就像是成群的绵羊。后面主要是巍峨的山峰，阿尔诺平原一直向远方伸展。

毋庸置疑地，佛罗伦萨以及它周边的美景深深印在了每位来托斯卡纳的游客的心里。这里有许多宏伟的公共建筑物，像教堂、市场、雕像及画廊，周边有葡萄园、橄榄园、柏树林。其实佛罗伦萨的景色都能从遍布在它周围的乡村里找得到，这些乡村向西延伸到卢卡市和比萨市，向北是拉斯培西亚，就像是佛罗伦萨的缩略图。阿尔蒂米诺和科洛迪也能够找到豪华的别墅建筑，就像省会城市周边一样。

穆洁罗地区位于佛罗伦萨的东北部，它的部分领地位于蒙特法斯特罗恩（Fasterone）的国家公园。尽管这里的河谷被耕种过，葡萄园成片，但这个地区比托斯卡纳其他地区都难进入，甚至有点令人恐惧。这里是自然景色聚集的地区，所以很适合散步。维基奥和斯卡尔佩里亚也坐落在这里，它们是这里防御入侵者的前哨。

佛罗伦萨西部的卡森提诺给游客呈现了一幅截然不同的乡村景象。这里有浓密的森林和修道院建筑，其中有一处修道院建筑与卡马尔多利相接，还有拉沃尔纳的教堂建筑，据说圣弗朗西斯于1224年在这里得到了他的圣痕。一些修道士们赞助着这里辉煌的宗教艺术，此外德拉罗比亚家族也给卡马尔多利的传教士们提供佣金。

卢卡坐落在中心位置，彰显着它独特的气质。南部屹立着蒙特皮萨诺，维克皮萨诺位于它的阳面，橄榄园和卡西阿诺也在附近。城市的北部是赛尔基奥河（serchia）和它的支流、浅滩，流经卡尔弗格纳（Carfagnana）地区。几个世纪来，河水在野山间开辟自己的道路,这个地区的小村镇被美丽多姿的建筑装点得更加迷人。在托斯卡纳的最北部的地区,看上去有阿尔卑斯山的风格,而不是亚平宁山的特点;更有翻古伦巴的特色,而不是现代的托斯卡纳风格。这里的大部分地区都曾有过战争,所以,星星点点地分布着堡垒建筑,这些建筑大部分都是马拉斯皮斯家族修建的。

阿尔卑斯自然公园的西半部分与托斯卡纳的这部分相接。这里的最高峰,海拔1946米,绵延44000公顷,这里有鹿、山羊和野猪。山毛榉和栗树林装点着这里的风景。大理石,有的是古代采石场的,有的是现代采石场的。这里是托斯卡纳最适合爬山与散步的地方,不仅有出名的小径,还有庇护所。

托斯卡纳最重要的冬季滑雪场位于东部地区的阿贝托,阿贝托就在库蒂利亚诺的北部。这个崎岖地区的风景不亚于托斯卡纳其他地区。皮斯托亚山在夏季是绿油油一片,冬天则是白雪皑皑。大部分地区被银杉林、落叶松、山毛榉、枫树林、松树林覆盖着。米格里阿诺的自然公园、圣罗索(Rossore)和比萨附近的马赛欧库利(Massaiuccli)占地21000公顷,还有很多漂亮的湖区。这里有里窝那和维亚雷焦之间的海滨和圣罗索庄园建筑,这是座属于意大利国王的建筑,还有向公众开放的公园。这里的沼泽地和松树林养育着这里的鹿、野猪和其他动物,这里还为濒临灭绝的物种(比如沼泽猎兔犬)提供栖息地。

这里的远景更加优雅。沃尔泰拉附近的山随着季节转换颜色也有很大变化。在阿尔卑斯山和海之间是花园和橄榄园。花和葡萄园星点分布在卢卡和皮斯托亚的边界处,在这里葡萄树能制成一种不太出名但很吸引人的葡萄酒——比安科德拉涅沃莱(Bianco Della Val di Nievaole)。里窝那有比安科波尔格力(Biancho i Bolgheri)酒,比萨有基安蒂德勒科林比森(Chianti delle Colline Ppisane)、比安科迪圣托皮(Bianco di San Torpe)酒。

除了拥有各式各样的小镇和乡村,托斯卡纳还因豪华的别墅和大庄园而闻名,这些建筑一般都是跟当地的社区隔得很近或是交融在一起,比如马拉斯皮纳别墅(上图)就坐落在镇的周郊地区

托斯卡纳也有它狂野的一面,在这里向北部看就可以看见位于海滨的马萨与迪新堡加尔法尼亚纳之间的阿尔卑斯山高耸的山顶(右图)

巴尼迪卢卡
Bagni di Lucca

托斯卡纳的小山上散布着许多温泉，这里的温泉在古罗马时期就被誉为有药用价值。巴尼迪卢卡曾在1245年得到一位善良国王弗雷德里克一世的褒奖，但是直到拿破仑的妹妹提议修建了一条路，这里才真正成为一座温泉城。巴尼迪卢卡的景色非常浪漫，小镇沿利玛河畔而建，周围是绿树覆盖的小山，利玛河沿着岩石的河床蜿蜒前行。镇上最古老的洗浴装置高高地建在塞拉格里奥河（Ponte a Serragelio）主桥的上面，巨大的巴尼卡尔迪桥现在也被毁掉了，但是岩石下面还有温泉喷出来，它们的水力发电设施也吸引了好多人来这里。

河的上游是拉·别墅（la Villa），这是19世纪发展的中心地带。别墅的名字来自阿达别墅（Ada Villa），这是座带有别致的塔的16世纪建筑。英国著名诗人雪莱在他最终回到海滨之前，就来这里的小山上租了一座别墅居住。其他的杰出人物，像德国诗人海涅、英国诗人拜伦、法国作家蒙田也是这座小镇的常客。18世纪30年代这里还建了一个英国放逐者居住区，这些人在这里给自己留了很多纪念碑和建筑。其中有一座是坐落在维普尔的哥特式风格的英国国教教堂。维普尔（wipple）女士和一些前辈们就葬在已有一半被毁的英格尔斯墓地（Cimitero Inglese），爱德华时期的小说家奎达（Quida）就埋葬在这里。

在巴尼迪卢卡的鼎盛时期，这里有一个新古典主义风格的剧院，还有一些豪华的洗浴场。其中有一个叫做德米多夫（Demidoff），中间是迷人的坦比多（Tempietto）教堂。这里还有一个漂亮的外国人俱乐部（Foreingner's Club）和一处人潮拥挤的娱乐场。娱乐场于1838年建立，轮盘赌游戏也被引进到这里来。自从这个地区慢慢变得跟不上潮流的步伐，这里也变得不那么具有国际气氛，但这对它而言更是一件好事。小镇过去的繁华喧嚣慢慢淡去，但它的平静之美也同样迷人。这里的历史气息使这里成为探索托斯卡纳北部地区的始发站。

巴尼迪卢卡曾在19世纪是座很闻名的温泉小镇，现在这里仍保持着一般小地方不具有的那份优雅与美丽。坚实的房屋建筑（上图）沿利玛河排列着。从巴尼亚贝尔纳博向南看，可以看到巴尼迪卢卡就隐藏在悬铃树林中间（P.24图）

巴尼迪卢卡黄金时期的标志（顺时针方向排列）：哥特式的水塔、悬空桥、爱德华时期小说家奎达（Quida）的墓地、新古典主义的坦比多德米多夫

· Around Florence and Lucca

巴尼迪卢卡的独特建筑（顺时针方向排列）：朱塞佩·帕蒂尼的英国教堂、奎达的故居、1844年的娱乐场、通往巴尼卡尔迪桥（Bagni Caldi）的公园

在巴尼迪卢卡上面的小山丘上坐落着风景如画的小村庄——蒙特福格泰斯（Montefegatesi），村子的周围被浓密的栗树林包围着（右图）

地理位置
位于意大利西北赛尔基奥河流域,海拔500米。
交通
从卢卡出发,有直达的公交车。
最佳旅行时间
四季。
美食及推荐餐馆
Fornoli.
住宿
The Bridge.

体现托斯卡纳战乱史的建筑：宏伟的城堡和大门建筑（左图）用以防御敌人进入这座小山村。在保护区的内部坐落的是迪新堡加尔法尼亚纳的中心地区（右图）；在这里房屋建筑互相簇拥而建，没有清晰的脉络

迪新堡加尔法尼亚纳
Castelnunovo di Garfagnana

在迪新堡加尔法尼亚纳，有一座12世纪的城堡，被称为罗卡·阿里奥斯托。这座城堡是这个乡村的重点建筑物，这里还是两位托斯卡纳诗人的故居，一位是卢多维克·阿里奥斯托（Ludovico Ariosto），他从1522年到1525年住在这里，另一位是福尔韦奥·特斯特尼（Fulvio Testi），从1630年到1642年在这里居住。这两位诗人都来自名门——艾斯特家族，并且都曾在坐落于绿色的赛尔基奥河谷的镇上做政府官员。

迪新堡加尔法尼亚纳有一座16世纪早期的文艺复兴大教堂（二战中，教堂严重被毁，后又重建），教堂里有15世纪的十字架和一座16世纪早期的带装饰的屏风，这两样都属于多梅尼科·吉兰达伊奥。当然也不能错过带有圣詹姆斯的麦当娜教堂和乔瓦尼·安东尼奥·索格莉亚尼建的安德鲁教堂。

在乡村的北边建有一座艾斯特二世阿方索建的女修道院，他还给附近的山命名为阿方索山。阿方索于1644年逝世，并被埋葬在这座女修道院里。修道院里的一幅画描写的就是圣弗朗西斯接受圣痕。

这里的居民在每周四都会去当地的市场赶集，在这里大家可以买到当地的一些特产，尤其是赤土陶器和石膏雕塑品，当然还会有蜂蜜、奶酪和当季的胡桃。

30 · Around Florence and Lucca

地理位置

位于意大利托斯卡纳大区北部地区，海拔450米。

交通

从卢卡驱车走S435公路经巴尼迪卢卡，顺着博特利峡谷可到达。

美食及推荐餐馆

Ristorante la Lanterna 供应本地菜式，包括鲜鱼或蔬菜饭以及野生洋菇烩饭。在这里还可品尝附近山林里的野味和架烤野猪肉等新鲜特色菜，就餐环境宽松宜人。

住宿

Casone.

迪 新堡加尔法尼亚纳的繁盛（本页图，顺时针排列）：14世纪的黑色耶稣像；里多尔福·吉兰达伊奥画的《麦当娜和两位圣人》；德拉罗比亚赤土淘气教堂装饰品；文艺复兴时期一处上好的房屋建筑

托 斯卡纳传统的街道景象使迪新堡加尔法尼亚纳的中心地带生机勃勃，但是在外围却是优雅的房子建筑（P.33图）

卡斯蒂缪内迪加尔法尼亚纳
Castiglione di Garfagnana

这座仅有2000居民的乡村美丽迷人，坐落在阿尔卑斯山脉上。乡村里仍然可以看见以前的防御建筑和14世纪卢卡统治者建的城堡，这里可以看到周围景象的全景图。夏天，水仙花、蓝色龙胆草、黄水仙和红牡丹在山顶下的林地里怒放，这里就尤其令人陶醉。

15世纪的圣米歇尔教堂体现了高雅的宗教艺术，在高高的祭坛上放着16世纪的大理石神玺，还有15世纪的木质十字架，15世纪的城堡形状的银制香炉。这里的精神之作，当属茱莉亚诺·迪斯蒙恩的1389年作品《圣母和圣婴》。镇上还有两座上好的教堂建筑，建于13世纪因祭坛的木雕塑而闻名的彼得罗教堂和罗马式的圣弗朗西斯科教堂。

这是一座适合冬季运动和徒步旅行的乡村。意大利高山俱乐部修建了山上的小径，向南走几千米到阿尔普的圣佩莱格里诺，有12世纪的救济院，现在也成了纪念过去的世纪里当地农民的博物馆。当地的传统依然存在；尤其是这个地区朴素但却招人喜爱的菜：波论塔（Polenta）（加入了炖兔子肉的玉米粥）。还有一种用栗粉做成的波论塔（Polenta），吃的时候可以放香肠或是猪骨头，然后就是这里的豆子汤和乳清奶酪。

谈到自我防守，这里跟其他托斯卡纳的乡村一样，1371年卢卡的统治者在这里建的城堡（上图）庇护着这个乡村。14世纪时，防御建筑已经扩展到乡村的西尽头处（下图）；右边的这幅全景图展示了迪新堡周边的景色

34 · Around Florence and Lucca

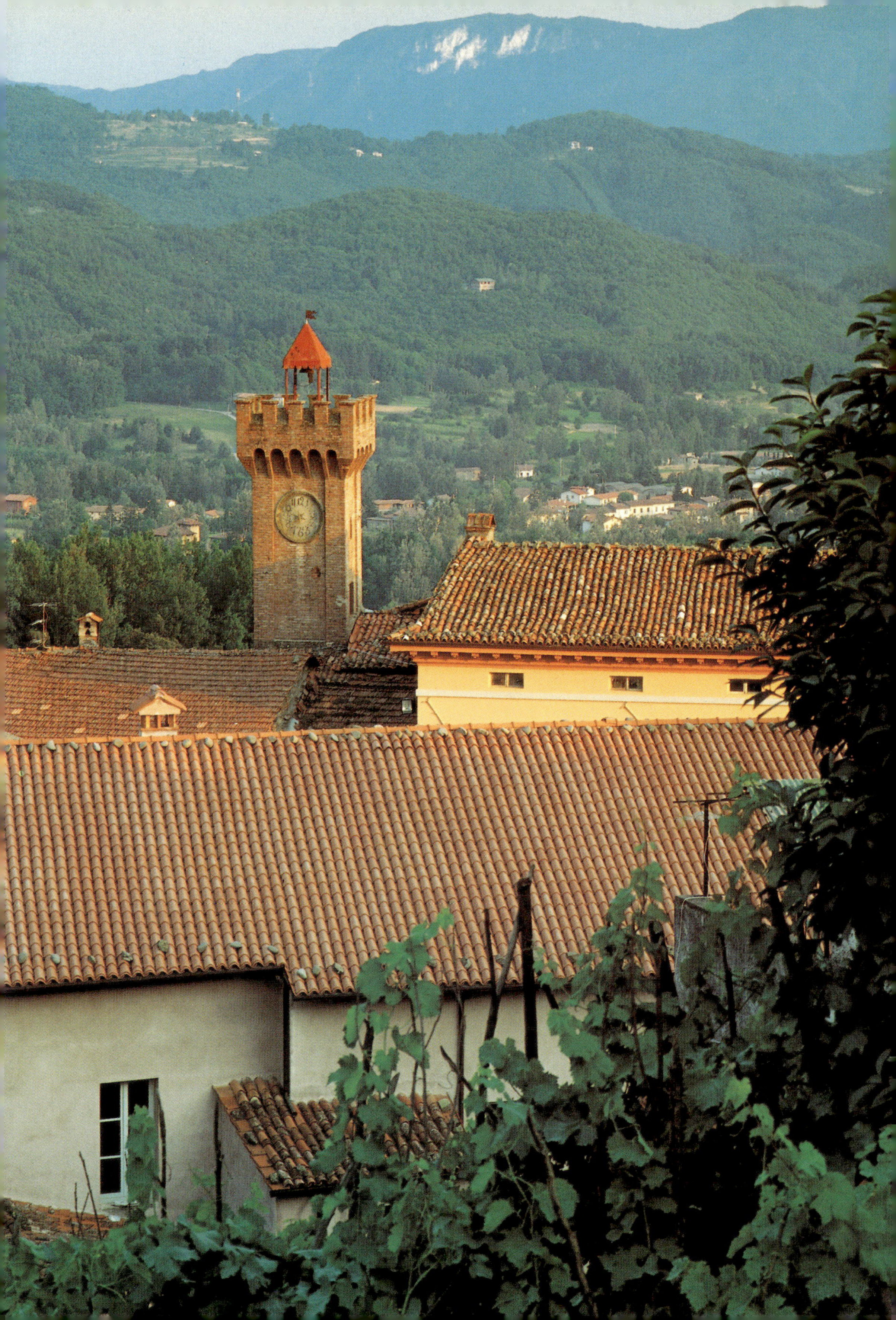

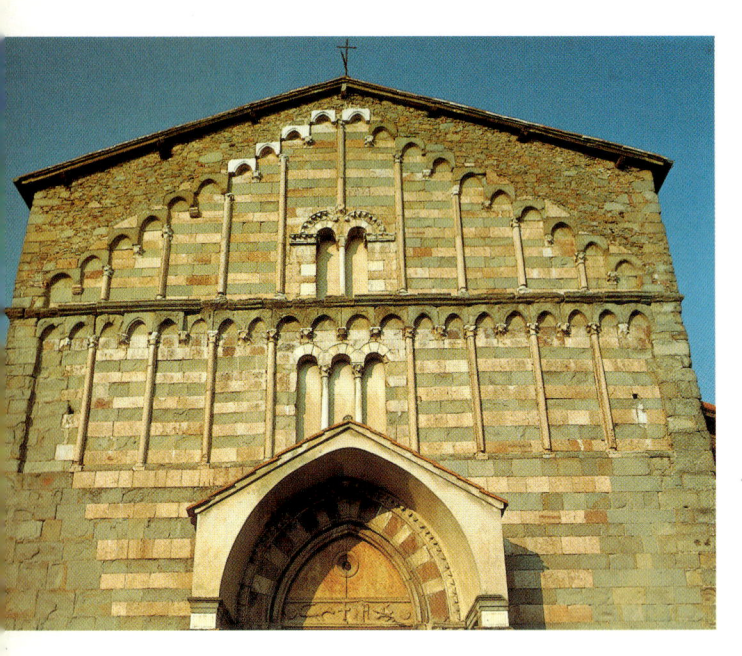

迪新堡像这个地区其他乡村一样拥有美丽的风景，威严的罗马风格的教堂前门，也有赤陶土屋顶下花丛锦簇的淡雅阳台（本页图）。茱莉亚诺·迪斯蒙恩1389年画的《圣母和圣婴》是乡村的财宝之一，并且这是他唯一一幅有署名的作品（P. 37 图）

地理位置
位于意大利托斯卡纳大区北部地区，海拔 430 米。

交通
从卢卡驱车走 S435 公路，经过巴尼迪卢卡就可到达。

最佳旅行时间
四季。

美食及推荐餐馆
Torcello.

住宿
Toasone，Carilippe.

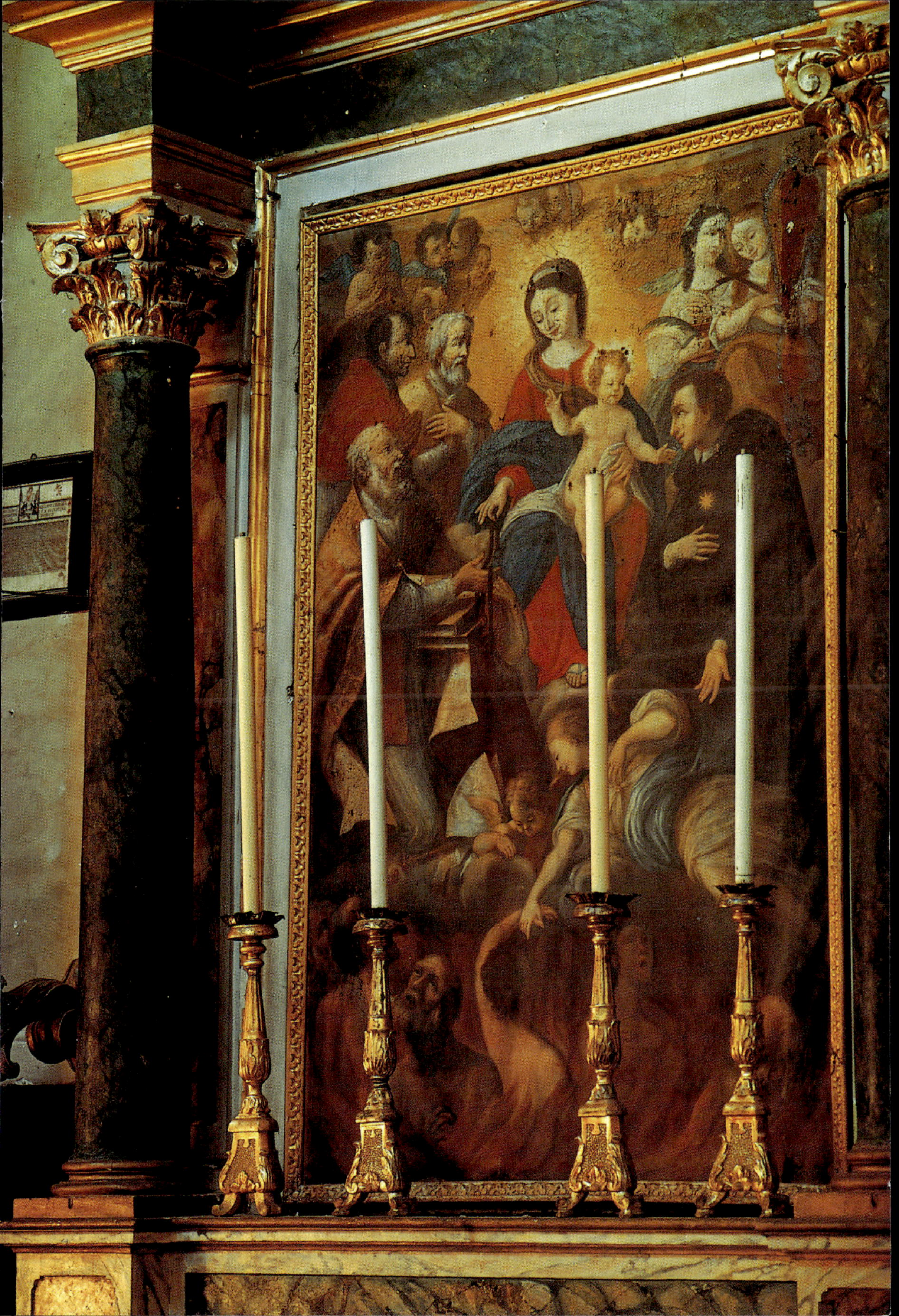

托斯卡纳北部的一些乡村俯瞰着利玛河谷。这里的小卢奇奥（Lucchio）社区像是悬建在利玛河深深的峡谷之上

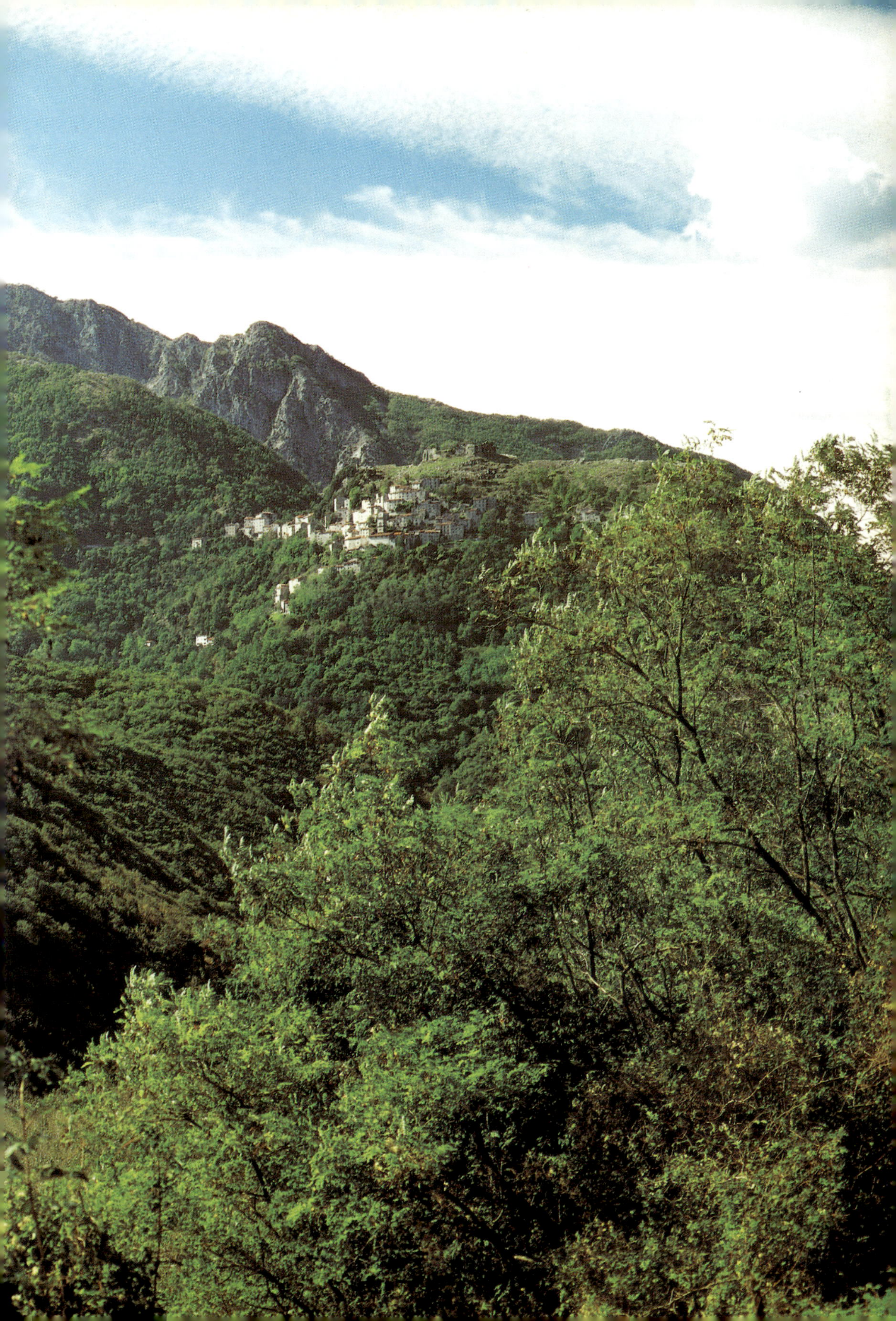

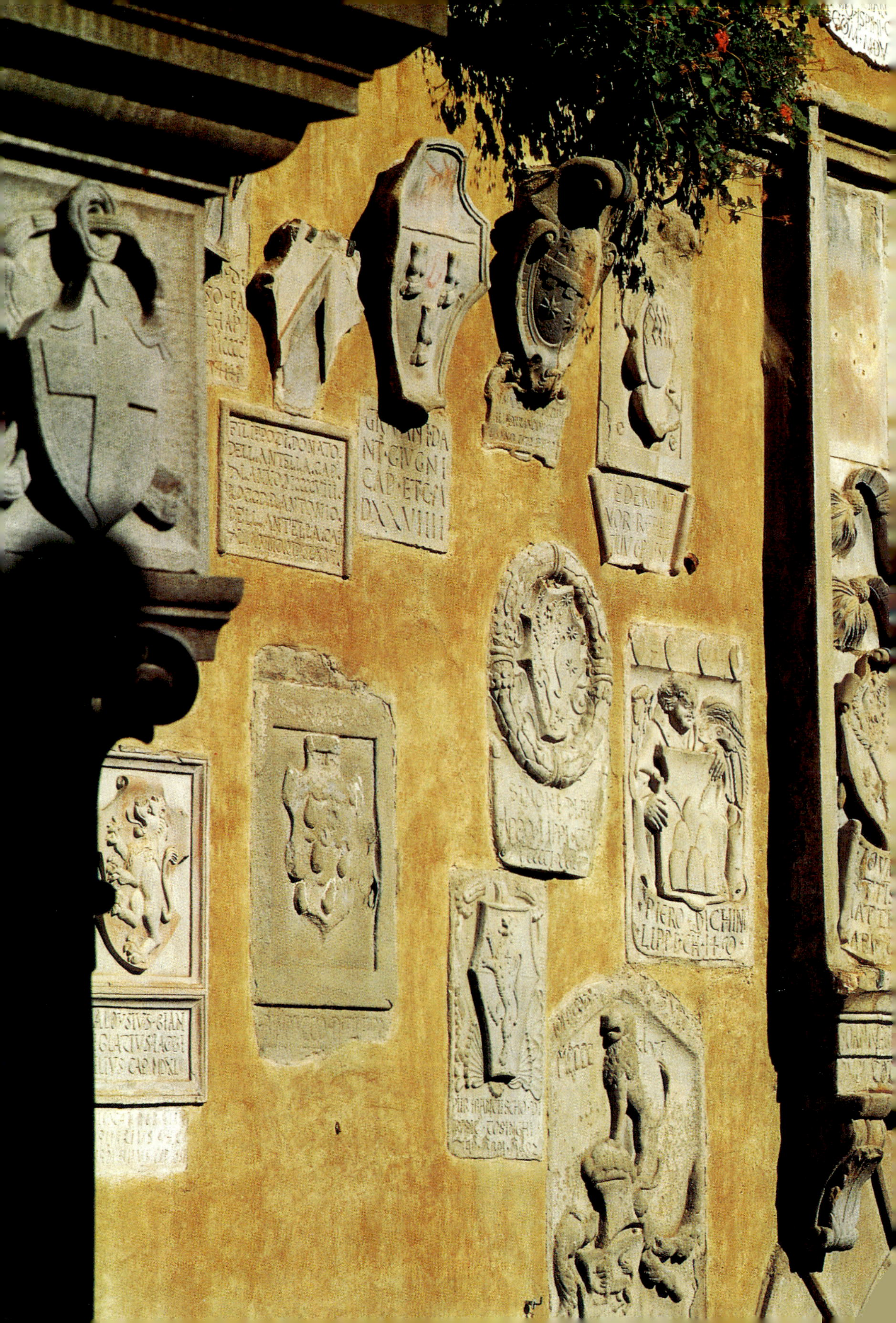

库蒂利亚诺
Cutigliano

库蒂利亚诺海拔670米，既是一个夏季的度假胜地，也是亚平宁地区冬季运动的中心，这里有滑雪橇，有跨国的滑雪路线，3000米长的通往娱乐滑雪场的索道缆车，还有一道缆车可以将大家带到高达1000米的克罗齐阿卡那（Croce Arcana）。库蒂利亚诺被库考拉山（cuccola）庇护着，俯视着利玛河谷，并被周围浓密的森林环绕，所以在这里散步是很好的一种选择，尤其是沿库考拉山（cuccola）而上，山海拔1042米，站在山顶可以看到周围村庄迷人景色的全景图。

库蒂利亚诺的中心地区是一个美丽宜人的中世纪小村落。这里的建筑艺术典范当属比勒坨里奥宫殿，宫殿由14世纪皮斯萄因（Pistoian）山的七个社区建成，并在16世纪时整修。宫殿的外面雕刻有这个地区中世纪的统治者的纹章图案，显得更加有生气。

库蒂利亚诺的教堂建在乡村的尽头处。托斯卡纳很多官员曾给教堂馈赠了许多的艺术品，其中就包括马萨乔的哥哥圣乔瓦尼1620年画的《耶稣的割礼》就点缀着教堂的左边的墙，赛巴斯蒂安诺·维尼在15世纪为圣坛画了一幅《圣巴赛罗缪》。尼克迪莫费鲁奇画的《处女的诞生》使左侧走廊上的圣坛更加雅致。

乡村的中心位置上还坐落着另一座教堂——基耶萨教堂（Chiesa Compagnia），教堂里面有德拉罗比亚家族的杰作——彩色陶土做成的圣坛装饰，描绘的是位于圣人安东尼和锡耶纳的贝尔纳迪诺之间的《圣母和圣婴》。

库蒂利亚诺14世纪比勒坨里奥宫殿的墙面上这些壮观的饰有纹章的盾还包括美第奇教皇的与众不同的手臂的雕饰

库蒂利亚诺不仅因它的山泉（下图）而闻名，还有绿树成荫的小路、设计精美的房屋、一座神奇的教堂建筑（上图、右图）

42 · Around Florence and Lucca

地理位置
位于意大利托斯卡纳大区北部地区,海拔 670 米。
交通
从卢卡驱车走 S435 公路,越过阿普安纳山山脉再向东就可到达。
最佳旅行时间
夏季。
风土人情及节日
每年 8 月手工艺艺术节开幕。其间会展出各式手工制作的小礼品、纪念品、编织品和其他各种民间工艺品。
美食及推荐餐馆
Dodure.
住宿
Hotel ltalia, Roma.

乌扎诺
Uzzano

乌扎诺有着古老的石头房子、花团锦簇的花园、广阔无垠的果园，整个乡村的全景非常美丽宜人。周边乡村的农田，由意大利佩夏河提供水源，村里星星点点分布着为佩夏市场提供鲜花的温室大棚。佩夏是这里一个主要的镇，几千米高处的景色很是美丽，不仅能欣赏到阿米亚塔（Amita）山和莫内山以及周围的村落景色，还能遥望到厄尔巴岛的远景。

一座窄窄的拱门通向乌扎诺和翁贝托露天广场，广场俯视着佩夏平原，里面还有卡皮塔诺德尔波波洛宫殿，宫殿在14世纪建成，多次被重修过，在20世纪已恢复了它的原貌。再往乡村里走就可以看见圣雅各布马蒂诺教堂，教堂的外墙装饰很迷人，塔也很高大。这个教堂是13世纪时建成的，罗马式建筑风格，半圆壁玺是在16世纪时建上的。

教堂下面有一座圣安东尼·阿伯特的赤土雕塑，是艺术家在卢卡的德拉罗比亚工作室雕刻的。教堂里盛圣水的酒壶、15世纪左右的壁画和木刻洗礼盘盖也是教堂里的几大宝物。这座教堂充分地体现出了托斯卡纳艺术家们的天赋，在他们的作品中，有名的包括：17世纪时阿莱西奥杰米尼亚尼的《圣女玛丽的婚约》，乔瓦尼·巴蒂斯塔·纳蒂尼的《圣母领宝》，乔瓦尼·巴蒂斯塔·纳蒂尼16世纪时在佛罗伦萨工作过，阿西斯的《圣弗朗西斯的画像》是16~17世纪时的艺术家卢多维克·基格利（Ludovico Gigoli）画的。

通往乌扎诺的蜿蜒小路体现了乡村独特的地理优势和自我保护作用，圣雅各布马蒂诺教堂的塔高耸在紧凑的房屋建筑上面

44 · Around Florence and Lucca

地理位置
位于意大利托斯卡纳大区北部地区，海拔 400 米。
交通
从卢卡驱车走 S435 公路可到达。
最佳旅行时间
夏季。
美食及推荐餐馆
Da Giordano, Pizzeria Paoletti.
住宿
Da Grazia Gambarini, Pazia.

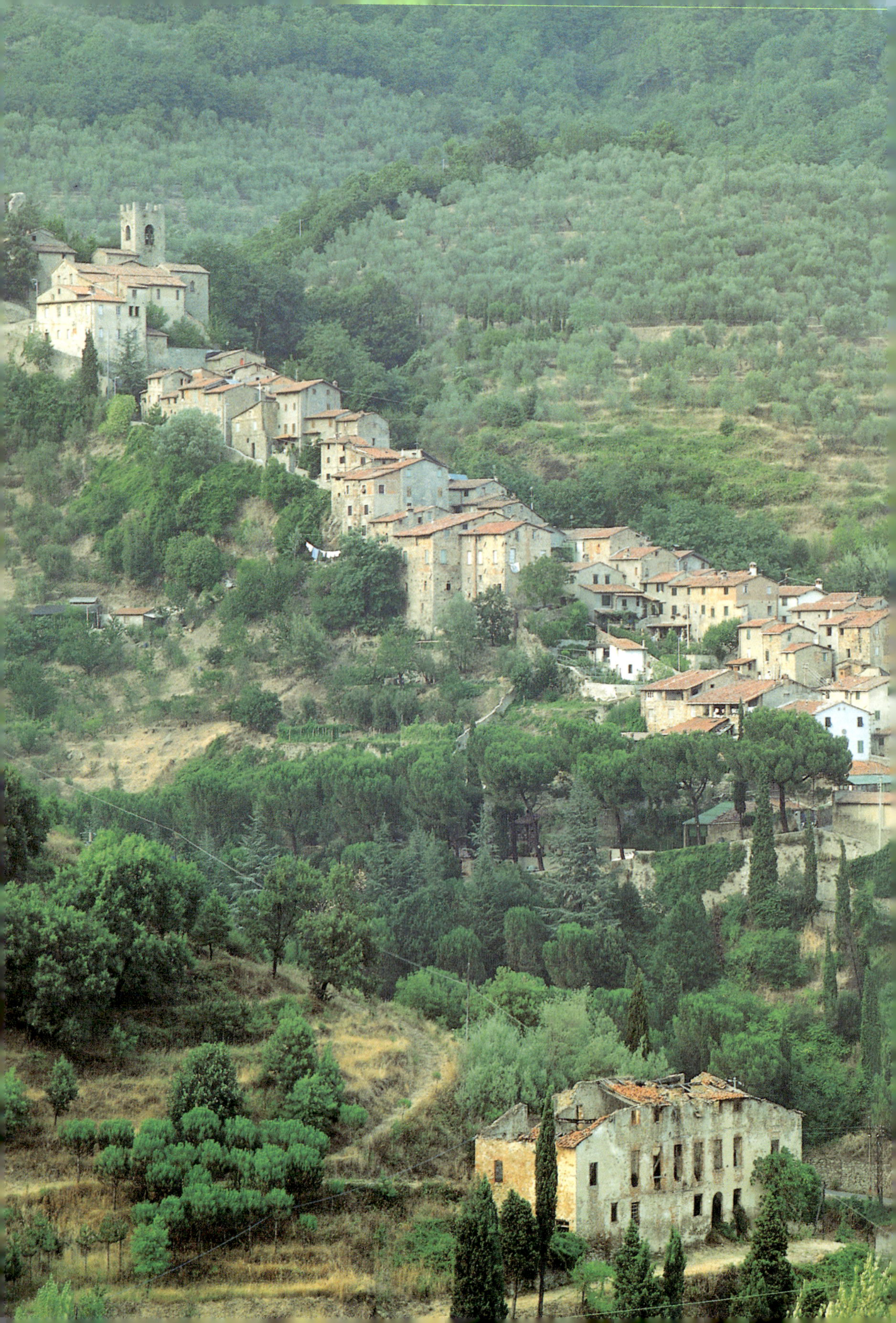

科洛迪 *Collodi*

科洛迪是一个宁静而古老的乡村，它因两处与众不同的公园而闻名。第一处公园是建于1633年到1662年之间的一座别墅住宅，别墅是为加左尼家族而建，这座卢卡的巴洛克风格的建筑，取代了原来的12世纪的城堡建筑。1786年，奥塔维雅诺·迪奥达提重新设计了这个巴洛克风格的花园，建了有陡峭台阶的花坛、带有树篱的迷宫式建筑，紫杉树和其他花木也被修剪成型，园内还有雕塑和独特的喷泉设施。树篱环绕着露天剧院，柏树枝叶繁茂，为18世纪的浴场遮挡阳光。恢宏的别墅是乡村最重要的建筑物，别墅里面有华丽的台阶、壁画、卡拉西家族的画，墙的粉刷也很上档次。

第二处公园在河的对面，是19世纪50年代为纪念卡洛·洛伦齐尼（笔名是卡洛·科洛迪）而建的。洛伦齐尼大部分的童年时光都是在加左尼别墅里度过的，这座住宅是他妈妈的出生地，他舅舅曾经掌管着这个别墅。洛伦齐尼最喜欢的童话人物是其创作于1881年的《匹诺曹历险记》中的匹诺曹（Pinocchio），匹诺曹主题公园里有很多纪念长鼻子的木偶和作者故事中其他人物的雕塑。

公园的南部是德巴罗齐镇(Paese Balocchi)。在这里有一条长着吓人的牙齿和粉红长舌的凶恶的鱼，在水塘里出现。这里被人们称为"第二代伟大的皮斯肯"，让大家想起了匹诺曹最有名的一次历险。

在科洛迪，你仍然可以找到曾经建在城堡外围的一些墙的遗迹。过了别墅，再经过一段险峻的小路就到了15世纪时的中心地区，在那里屹立着圣巴托洛梅奥（Bartolomeo）教堂。这座教堂13世纪时建成，后经过多次整修，里面还有15世纪的壁画和赤陶土雕塑。

陶土建成的屋顶和历经风雨的墙壁沿着山的一边从圣巴托洛梅奥（*Bartolomeo*）教堂一直延伸到加左尼别墅和花园

阶梯式的小路（右图）从加左尼别墅开始一直蜿蜒前行在陡峻的房屋中间，从这里可以看到匹诺曹主题公园的景象（上图）。别墅的花园很好地利用了这里斜坡式的位置，建了许多巴洛克式的台阶（P.49图），并装饰了许多雕塑艺术。

地理位置
位于意大利托斯卡纳大区北部地区,海拔 400 米。
交通
从卢卡驱车走 S435 公路可到达。
最佳旅行时间
夏季。
节日
主显节,每年 1 月 6 日,纪念耶稣显灵的节日,也是小镇的儿童节。
住宿
Da Grazia Gambarini.

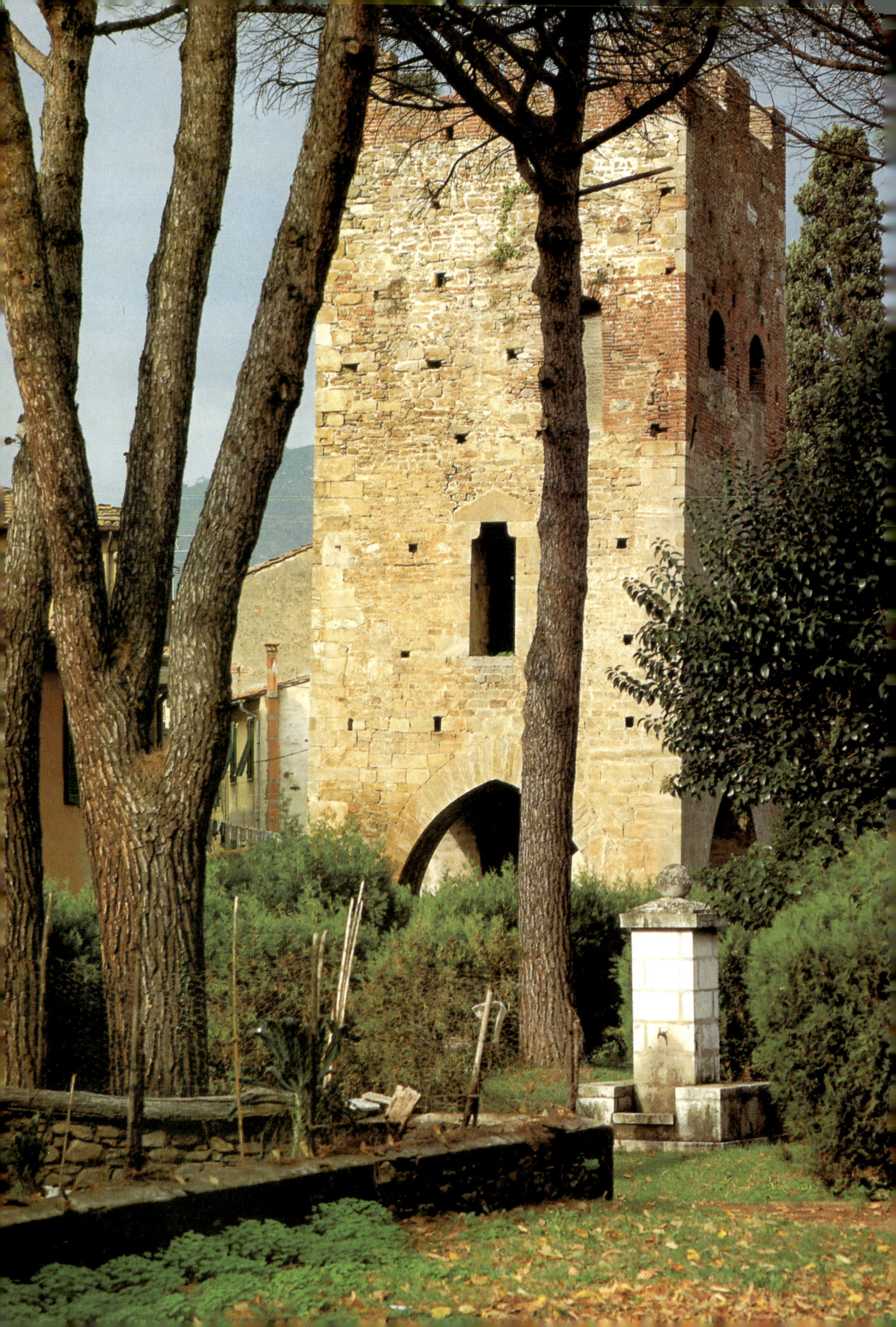

维克皮萨诺
Vicopisano

乡村最主要的建筑是用作防御工事的高塔。戴勒卡特罗朴特塔（P.50图）、布鲁内莱斯基塔（上左图）、奥尔罗格塔（Orologio，上右图）

维克皮萨诺最初是建在阿诺河岸上，现在主要是位于一座运河边，运河是美第奇大伯爵一世和弗朗西斯科一世在划分这条河的时候开凿的。维克皮萨诺的发展得益于别恩蒂纳（Bientina）湖水，这使它成为了这里的农业中心，并以盛产稻子而闻名。

乡村建在皮萨诺山脚下，仍然保留了一些15世纪初佛罗伦萨建筑师菲利普·布鲁内莱斯基设计的具有防御功能的建筑，都是1407年佛罗伦萨统治这里以后设计的。在这些使这里的防御更加坚固的塔中，有一座是1406年建成的以布鲁内莱斯基的名字命名的，还有一座更加精美的戴勒卡特罗朴特塔，它在拱顶上高高耸立，正如塔的名字所显示的，塔上包括四个拱门。

维克皮萨诺的大殿有两座中世纪的高塔，对面的比勒坨里奥宫殿（Palazzo Pretorio）是这里最好的世俗建筑之一，该宫殿在14世纪建成，15世纪时又扩大了规模，它的外墙壁上有石头或赤陶土的雕饰，这些设计给宫殿增添了很多生机。在兰特街上，有更多的14世纪的塔和一座15世纪的房屋建筑；露天广场弗拉多梅尼科（Piazza Fra Domenico）这个名字就是以1270年在这里出生的僧侣兼作家多梅尼科（Domenican）的名字命名的。

维克皮萨诺的教堂就位于乡村外面，教堂于12世纪建成，是罗马风格，外墙设计独特，还有三个门口、一个壁柱、双层的竖框窗户。教堂里面是三根饰有图案的立柱将其分为三个中殿。这里有一座14世纪晚期尼诺皮萨诺雕刻的圣约翰雕像，15世纪的一个洗礼盘，还有12世纪的一些用木头塑成的描绘耶稣被罢黜的人物塑像。

托斯卡纳的教堂建筑与世俗建筑的特点和细节展示（本页图，顺时针排列）：兰特路上居民晾晒的衣物、中世纪的教堂、美丽的花园、从市场上归来的人们、教堂里圣水盘上的圣约翰塑像（P.53图），后面是12～13世纪被罢黜的神教人员的雕塑

52 · Around Florence and Lucca

地理位置
位于意大利托斯卡纳大区西部地区，海拔 100 米。

交通
从比萨驱车走 S67 公路很快可到达。从卢卡驱车向南走区内的主要公路也可到达。

美食及推荐餐馆
Alderigi e Ciramini.

住宿
Da Mauro, Pensione Mariotti.

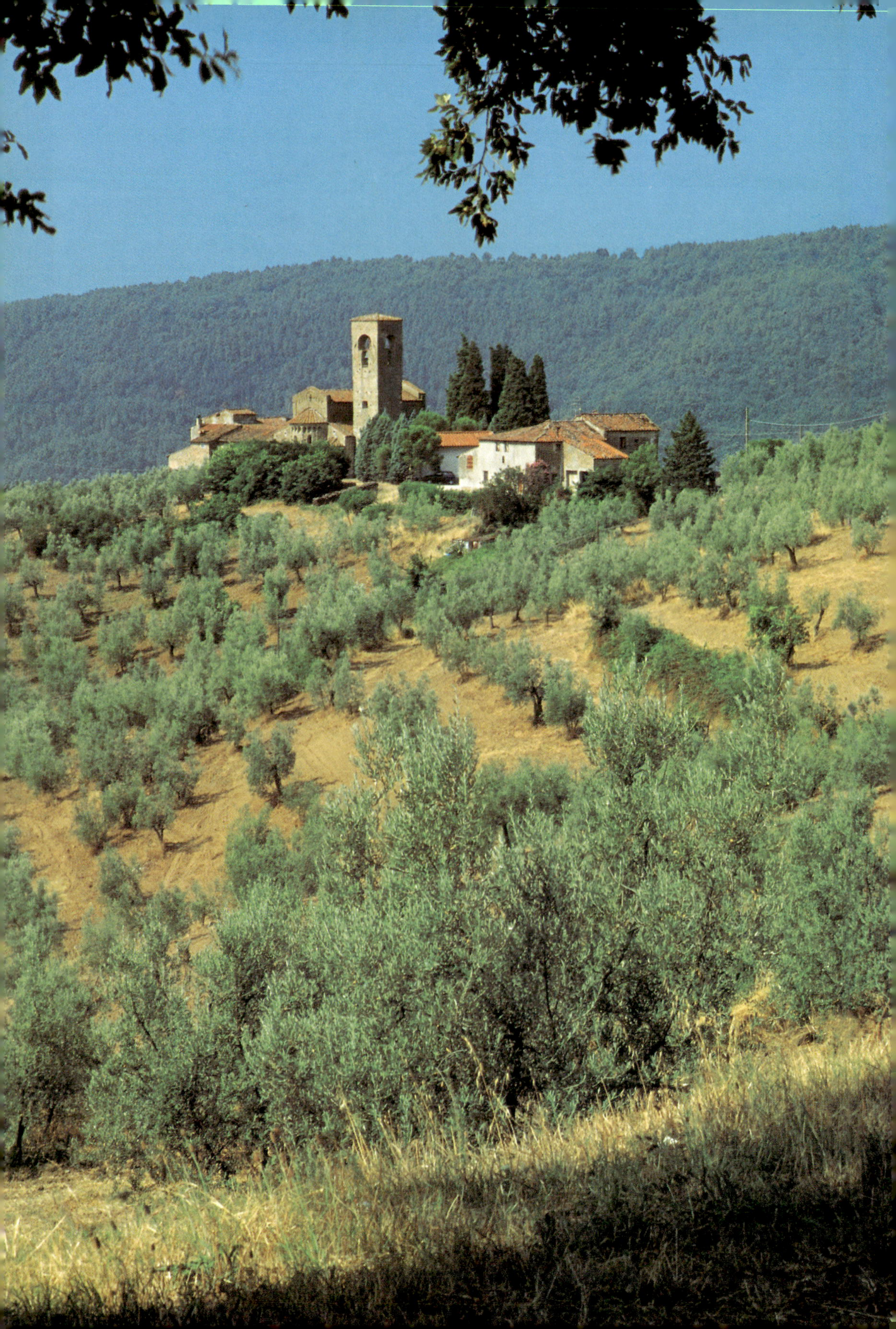

阿尔蒂米诺
Artimino

伊特鲁里亚人是阿尔蒂米诺最早的居住者,这座饱经沧桑的教堂一部分是用皮安罗塞咯墓地的石头筑成的,人们在1970年又发现了这座教堂,并重新修整了。它是女伯爵马蒂尔达1107年为圣李奥纳多而建的,12世纪晚期得以重新修建。

从阿尔蒂米诺可以看到周围乡村的美丽景色,这里的葡萄园里酿造了上好的葡萄酒。在阿尔蒂米诺的上方的蒙特阿尔巴诺的高原上是一座漂亮的美第奇别墅,是16世纪末博纳多布翁塔伦蒂为大伯爵费迪南多·德·美第奇一世建的一座用于打猎时居住的山林小屋,小屋因它的屋顶的轮廓线而被称为"一百个烟囱的小别墅"。

另一处伊特鲁里亚墓地是蒙特浮提尼墓地,位于阿尔蒂米诺3000米外的地方,在这里还有两座私家坟墓,再走4000米就可以看见波阿焦阿卡伊阿诺和一座小别墅,这座别墅是1480年茱莉亚诺圣加洛设计的,为洛伦佐马尼菲科(Lorenzo Magnifico)而建。别墅周围是一个柱廊,还有一个爱奥尼亚的门廊,门廊上有美第奇的雕刻还有安德鲁·圣索维诺1490年设计的彩色带状饰物。别墅里有17世纪的剧院,还有一间台球室。这里有弗朗西斯科·弗兰洽比乔和安德鲁·戴尔·萨尔图的壁画,充分展示了美第奇人对古董的热爱,这些壁画描绘的是罗马历史上对科西莫尔维奇奥和洛伦佐马尼菲科时期的一些生活事迹的赞扬。

典型的托斯卡纳(左图):橄榄园环绕着阿尔蒂米诺,这里房屋聚簇,钟楼在这些建筑中占据着主要的地位

阿尔蒂米诺景色：上图为"一百个烟囱的小别墅"的景色；教堂的三叶草形拱点（下左图）；12世纪的钟塔（下右图）；蔚蓝天空映衬下的光影交织是托斯卡纳小镇的永恒主题（P.57图）；阿尔蒂米诺的教堂在高耸入云的柏树的守护下安静地屹立着

56 · Around Florence and Lucca

地理位置
位于意大利托斯卡纳大区西部地区，海拔 150 米。

交通
从佛罗伦萨驱车向西走 A1 高速公路很快就可到达。从比萨驱车向东走 S67 高速公路也可到达。

美食及推荐餐馆
Biagio Pignatta 供应托斯卡纳菜式，舒爽、简朴，就餐环境温馨宜人，还供应各式主食，价格合理。

住宿
Paggeria Medicea 朴实的乡村旅馆，周围山野景色宜人，特别适合那些爱好打猎和钓鱼的观光游客。

斯卡尔佩里亚
Scarperia

罗马路将斯卡尔佩里亚一分为二，是佛罗伦萨通往博洛尼亚的主道路，这表明了这个乡村的战略重要性。村庄是佛罗伦萨人1306年建的，用以防御来自北部的侵略者。那一年他们委任阿诺尔福·坎比奥建了最恢宏的德·维卡里宫殿，宫殿带有令人印象深刻的高塔。后来的几代人又建了许多纹章，其中最精美的是德拉罗比亚家族创造的带有瓷釉的赤陶土纹章。在中庭可以看到更多的徽章雕塑品，厅堂内部有宽敞的院子和楼梯，并有壁画装饰着；壁画中有1412年画的《圣克里斯托弗的画像》和带有四个圣人的《麦多娜和孩子们》，这是1554年里多尔弗·吉尔兰德的作品。

宫殿的对面是圣菲利普和圣吉姆斯教堂，教堂建于14世纪，钟楼是19世纪新增的空洞形的哥特式建筑。这座教堂里弥漫着很浓的艺术氛围，包括15世纪的佛罗伦萨雕刻家贝内德托·达·迈亚诺的作品《麦多娜和孩子们》，还有16世纪时雅各布·圣索维诺刻的十字架，就在这同一个走廊里就有麦多纳·迪的祈祷室，在祈祷室里有一个哥特式风格的神龛，上面还有14世纪早期的雅各布·戴尔·卡森迪诺的《麦多娜和孩子们》，麦多纳·戴尔·特莱莫迪教堂的另一个祈祷室有壁画《麦多娜和孩子们》，这是菲利普·利比的画廊的作品。

在后来的年代里，斯卡尔佩里亚因它的刀剑制造业和锻造业而闻名，现在仍然很有声誉。对罗马风格建筑情有独钟的人们在这里就可以找到10世纪的圣阿加莎教堂，位于斯卡尔佩里亚向西3000米处，教堂的洗礼池上还有1175年的云石镶嵌装饰的镶嵌板，还有吉奥瓦尼·德拉·罗比亚设计的神龛，教堂就屹立在罗马风格的桥和水磨旁边。

很多乡村和小镇的建筑反映了中世纪战争频发的托斯卡纳。阿尔诺弗·迪·卡姆比奥（Arnolfo di Cambio）14世纪时建了恢宏的维卡里宫殿（上图，P.59图），但是文艺复兴时期的贵族在宫殿的外墙面上增添了雕塑。这个用铁锻造的阳台好像打破了这里的平静（右图）

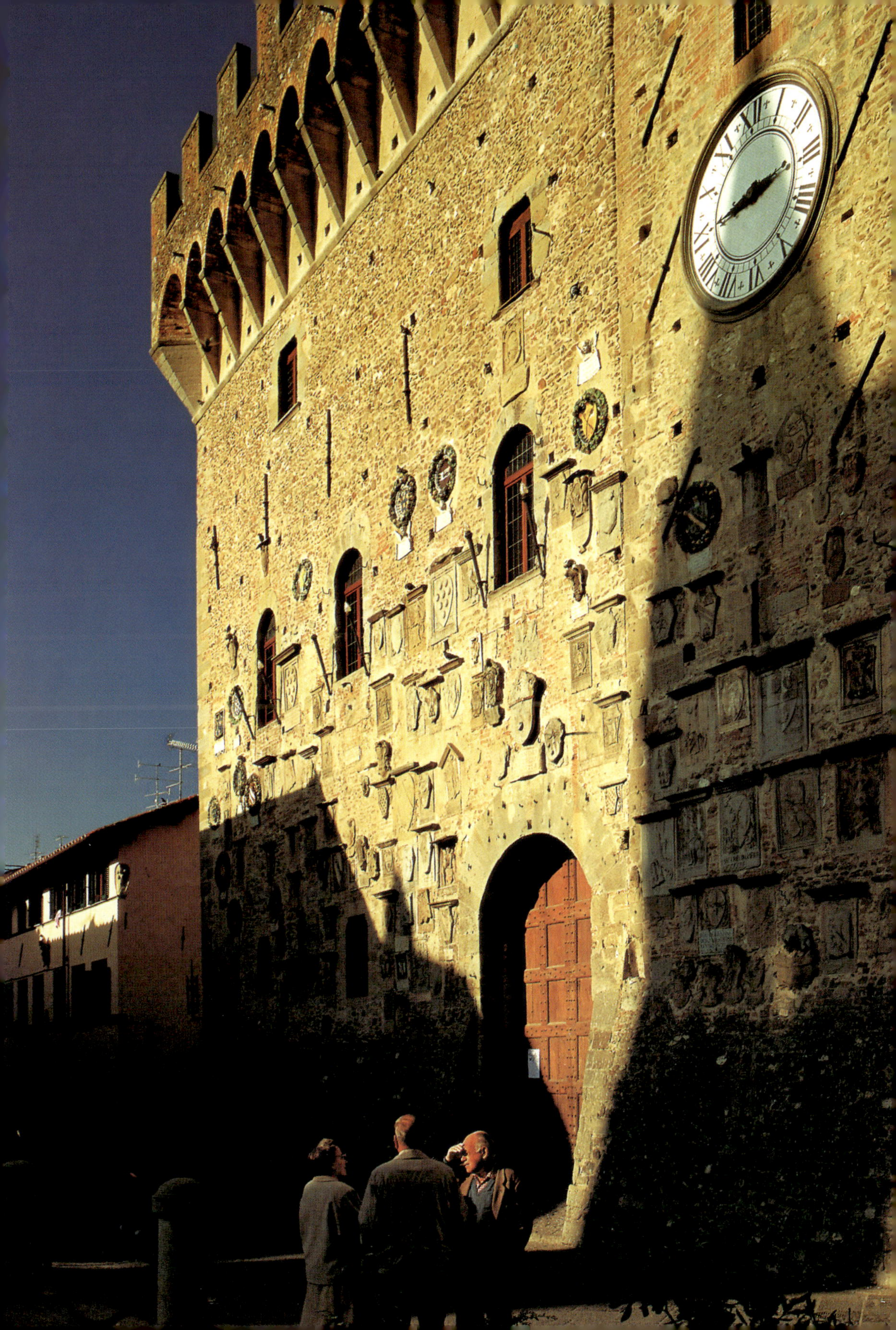

斯卡尔佩里亚的宗教艺术（本页图，顺时针排列）：麦多纳·迪·比阿萨教堂的哥特式神龛；圣索维诺的十字架雕塑；14世纪时圣阿加莎的画像，阿加莎周围是圣人凯瑟琳和露西，画像就在斯卡尔佩里亚的西部；位于圣吉姆斯和圣菲利普教堂的贝内代托达玛雅诺（Benedetto da Maiano）刻的圆形浮雕；圣阿加莎教堂（P.61图）被1175年的精致的镶嵌板包围的洗礼盘

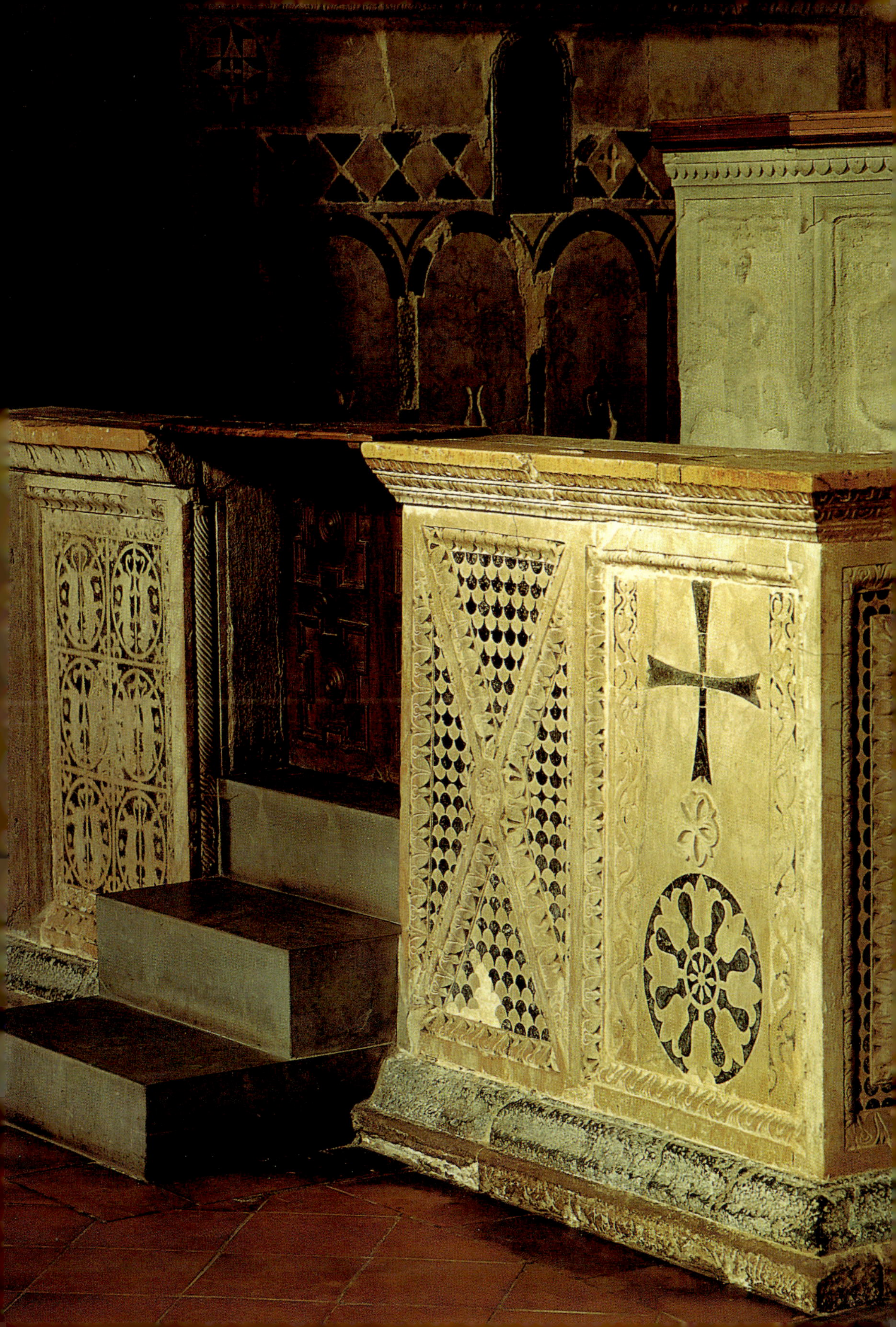

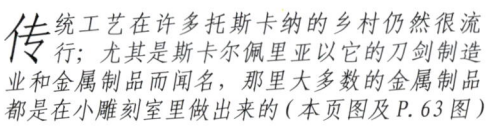

传统工艺在许多托斯卡纳的乡村仍然很流行；尤其是斯卡尔佩里亚以它的刀剑制造业和金属制品而闻名，那里大多数的金属制品都是在小雕刻室里做出来的（本页图及 P.63 图）

Signore
io
Credo

维基奥
Vicchio

维基奥是个名人聚集的地方，也是个优雅建筑物汇集的地方。左下图的这些台阶可以通向本韦奴托·切利尼曾住过的房子；乔托（Giotto）雕塑占据着乔托广场的中心位置（P.65上图）。维基奥的精美的建筑包括德拉韦陀莉亚（Della Vittoria）宫殿（右下图）的凉廊；精美典雅的装饰着这里的房屋的铁制品（P.65下两图）。

乔托（Giotto），乔瓦尼达菲耶索莱（以弗拉安吉力科闻名）和他的哥哥贝内代托都是在维基奥出生的。穿过西夫（sieve）河上的桥就可以到达这里。科尔索戴尔波波洛房子里一块饰板上的刻字写到：本韦奴托·切利尼从1559年一直到1571年逝世都住在这里，位于乡村中心的乔托广场上有一座1901年的伊塔洛·维格尼奇（Italo Vagnetti）为纪念乔托而造的青铜雕塑。

虽然，现在这里的居民都是以农业和手工业、鞋业和制包业维持生活，维基奥仍然保留了它在艺术方面的独特性。从这个地区各个教堂汇集来的艺术品现在就被展览在缪赛奥的公民贝亚托·安吉里科教堂里面（其中的一件是安德鲁·德拉·罗比亚创造的赤陶土雕塑，描述的是施礼者圣约翰和13世纪的大理石圣杯，圣杯上是圣弗朗西斯接受圣痕的图案。)

乔托的故居（就在维基奥外面的威斯皮格纳诺）现在成了一处画廊，里面是他最有名的一些作品和他生平的一些资料。圣马蒂诺教堂高高耸立在乡村里，教堂里面是一个米诺·达·菲耶索尔的神龛，还有保罗·斯基亚沃（Pollo Schiano）15世纪时的作品《麦多娜和孩子们》。保罗·斯基亚沃（Pollo Schiano）还为开普里纳·戴勒·布鲁纳（Cappellina delle Bruna）贡献了一幅壁画，开普里纳·戴勒·布鲁纳（Cappellina delle Bruna）独立屹立在乡村的外面，周围是高大的如同警卫一样的柏树。

对于维基奥而言，它那部分还保存完好的1324年修建的城墙将德拉韦陀莉亚包围起来。这里有新古典主义的凉廊建筑和多角的托雷·德·瑟齐亚（Torre dei Cerchia）。圣乔瓦尼巴蒂斯塔教堂在乔托广场上占据中心位置，1830年得到重建。科尔索戴尔波波洛的祈祷室里有来自德拉·罗比亚画室的画《麦多娜和孩子们》，还有佛罗伦萨艺术家克莱门特·苏西尼的《死亡的耶稣》。如果你想从艺术氛围中走出来，放松一下，村庄里有用作水上运动的人工湖。

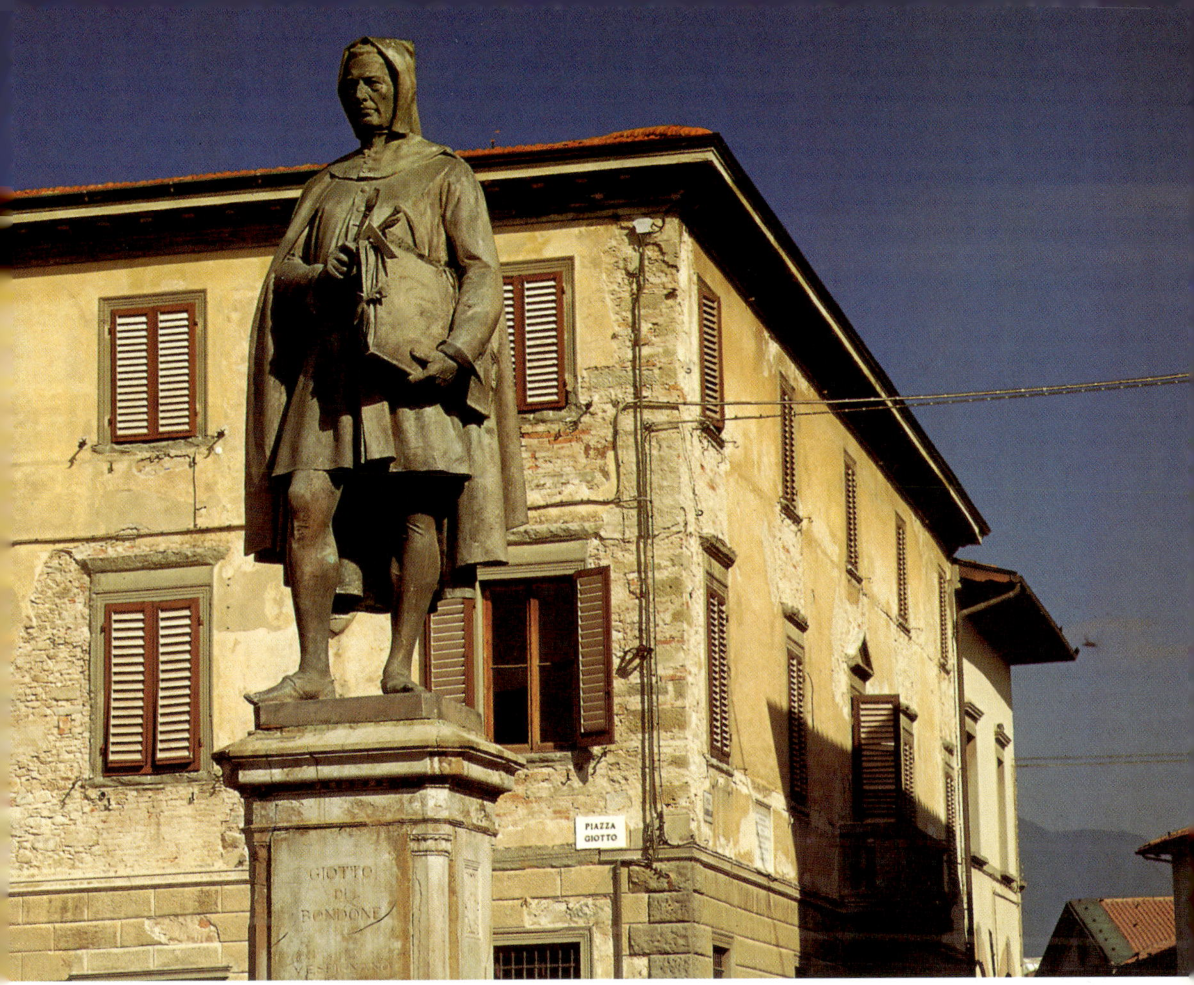
GIOTTO
DI
BONDONE
PIAZZA
GIOTTO

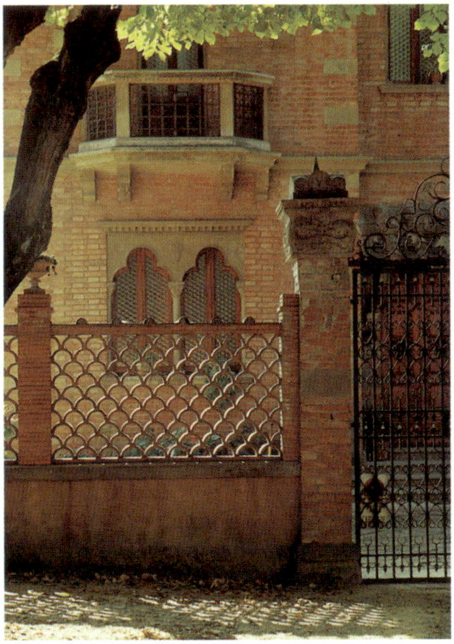

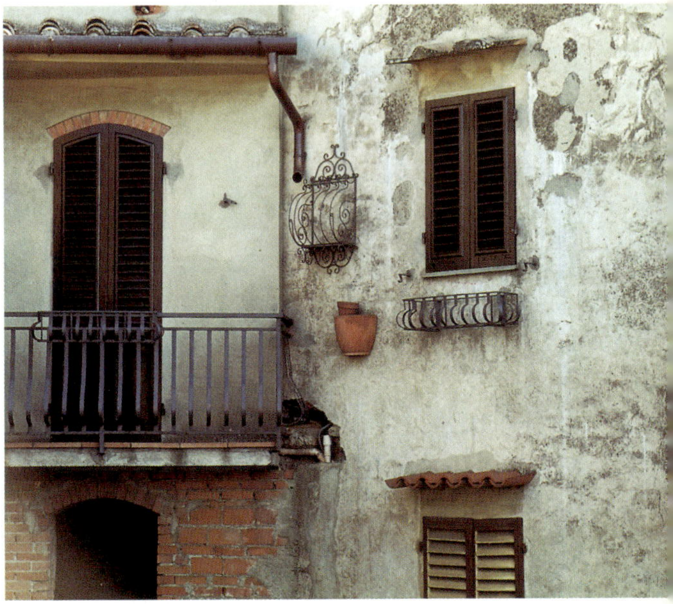

维基奥的外面就是维斯皮革纳诺村庄，这也是乔托（Giotto）的出生地（上图）。附近的另一处有趣的建筑是开普里纳·戴勒·布鲁纳（Cappellina delle Bruna，右图），里面还有15世纪的画家保罗·斯基亚沃（Pollo Schiano）创作的壁画

66 · Around Florence and Lucca

地理位置
位于意大利托斯卡纳大区东部地区，海拔 260 米。
交通
从佛罗伦萨驱车走 A1-E35 高速公路再转 S67 公路可到达。从阿雷佐驱车走 A1-E35 高速公路再转 S67 公路或 S551 公路可到达。
最佳旅行时间
夏季。
节日
棕榈节，每年 6 月 24 日。
美食及推荐餐馆
Azienda Agricola G.Bacciotti, Azienda Agricola G.Trotta.
住宿
Villa Campestri 很讨人喜欢的乡村旅馆，位于有中世纪建造的石头房子和种满鲜花的花园小巷中。

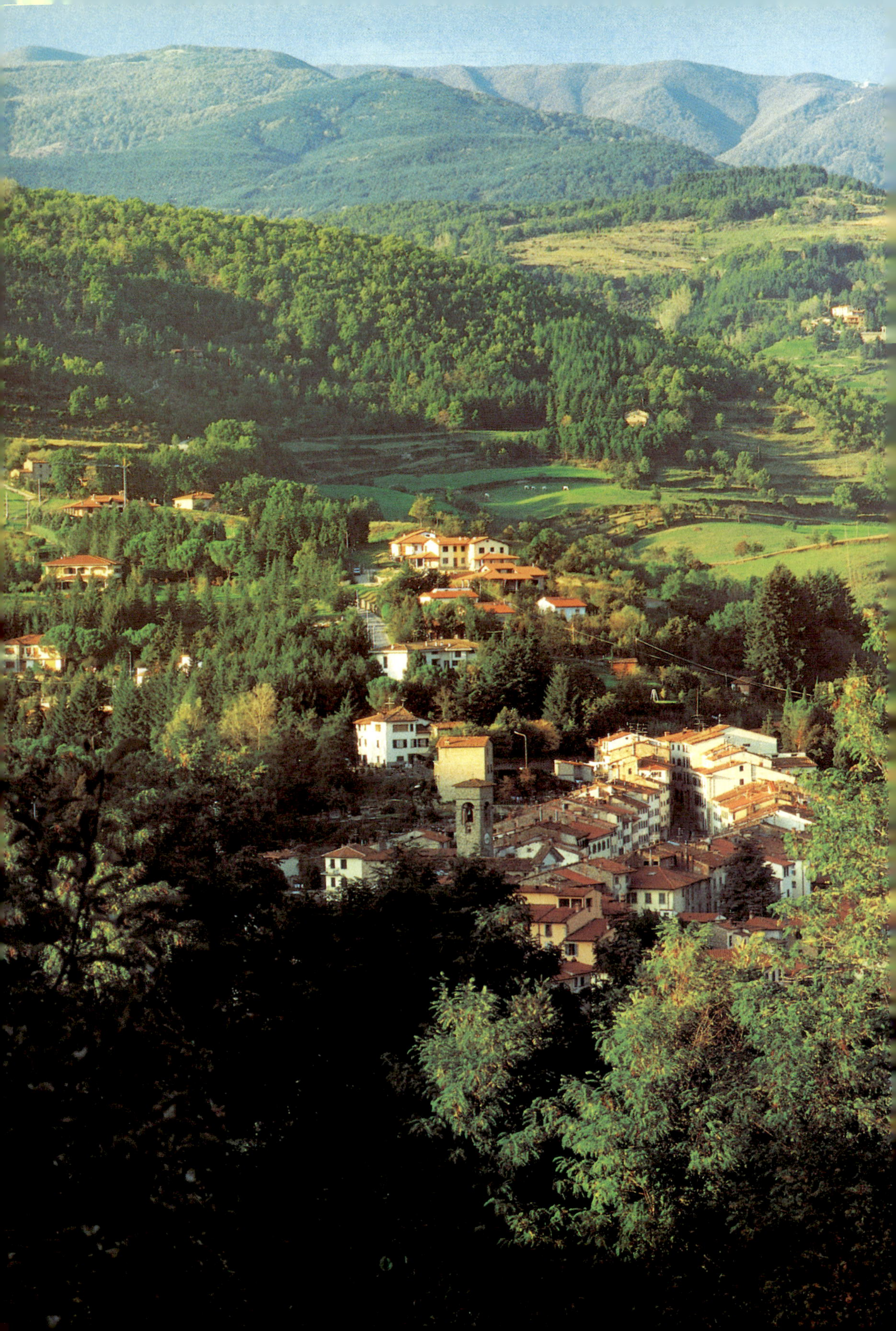

斯蒂亚 Stia

斯蒂亚坐落在菲尔特罗娜（Faltorona）山脚下，斯提哥亚河在这里流入阿诺河，景色迷人。这里的水特别适合处理羊毛，乡村仍然以羊毛服装和锻铁工业而闻名。居民用的水过去都是从雕饰着蛇和狮子图案的井里提来的，水井就位于倾斜的露天广场上，罗马风格的圣玛丽亚教堂也高高地耸立在这里，在广场上形成一道影子，刻有精致雕饰的柱子支撑着教堂，最里面是带有回廊的拱点和14世纪的十字架。

德拉·罗比亚家族建造了神龛用以盛放教堂的圣礼，1437年安德鲁·德拉·罗比亚就在高高的祭坛附近雕刻了《麦多娜和孩子们》。教堂里还有比西·迪·劳伦佐1414年的《圣母领报》。教堂的钟楼是中世纪的，挨着圣玛丽阿孙塔的是一座拱门，拱门是现代风格的，带有比格阿尼格尼（Pietro Annigoni）画的圣弗朗西斯的壁画。

跨过河就可以看见麦多娜戴尔桥（Madonna del Ponte）教堂。祭坛上的图案雕饰还是来自德拉罗比亚家族画室；这幅是1531年用赤陶土制成的，描绘的是麦多娜和孩子们还有圣人罗奇和赛巴斯蒂安。河的这一边还有斯蒂亚镇的大殿和剧院，皇室奎迪家族的城堡（奎迪家族是斯蒂亚的领主），城堡是12世纪时建在乡村的外围，现在仍然是一座恢宏的方形塔。但丁在1331年就住在这里。第二处防御建筑是奥古堡（Castello di Palagio），它于1991年得到重修（是夸张的中世纪样式的建筑），并恢复完好，城堡里有令人心旷神怡的花园，夏天还会举行夏季展览活动。

斯蒂亚的外部内部景色：乡村坐落在菲尔特罗娜（Faltorona）山脚下（左图），显得格外宁静；走进乡村内部，游客就可以发现这里蜿蜒的小路和充满生机活力的绿树成荫的广场

69

地理位置

位于意大利托斯卡纳大区东部地区，海拔 200 米。

交通

从阿雷佐驱车走 S71 公路再转 S556 公路就可到达。

最佳旅行时间

夏季。

美食及推荐餐馆

La Buca 是一家简朴、干净的餐馆，食物烹调极佳，并有不错的用酒烧煮的兽肉、野猪肉，就餐时还可以眺望远处的森林和群山。

住宿

Croce al Mori di Brunelli Franc.

斯蒂亚的市场（上图和 P.70 图）：乡村以羊毛制品和拼缝的被子闻名；最密集的贸易中心是斜坡式的堂西广场（Piazza Tauncci），广场上有个很恢宏、很气魄的喷泉。

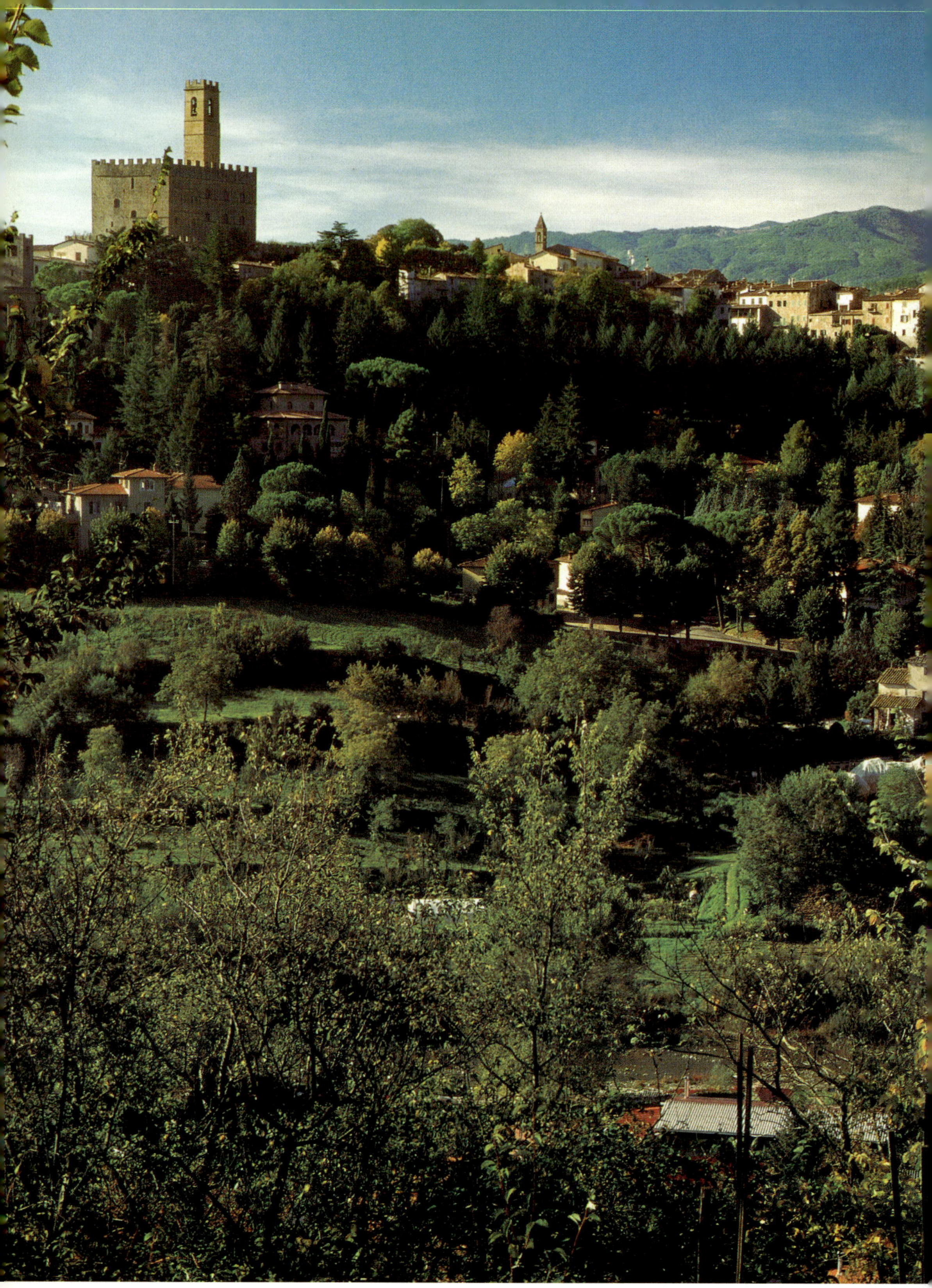

波比 *Poppi*

位于阿诺河上游河谷的波比奎迪伯爵城堡展示了这个家族的封建势力很大,以及其在中世纪时对卡森迪莫的完全统治。从乡村的南部穿过一些小山丘和梯田就可以看到城堡的塔。它们高耸在一座广场前面的小山顶上,城墙围着,没有窗户,也没其他装饰。城堡是三层的建筑,上面层的窗户大方雅观,但接近地面的部分看上去就很恐怖,令人惊悚。现在我们看到的这座建筑代替了以前的建筑,建筑建于1261年,1274年和1291年得到整修和扩建。因为这座建筑与佛罗伦萨的帕拉佐德拉斯格诺里亚有些相似,所以人们得出一个结论就是:阿尔诺弗·迪·坎比奥也是这座建筑的建筑师之一。

乡村的围墙上有一些盾形纹章,使墙变得更加雅致,最有趣的是一个勇士的雕像,也许是令人惊恐的芙勒(Simone da Battifolle),在13世纪末,他放弃了一直归依他家族的皇家军队,转而归顺了圭尔甫派(Guelphs)。1289年,残酷的封建家族掀起了一场恶劣的战争,就发生在这个乡村的外面,但丁还曾参加过这场战争。如今,斯蒂亚路和蓬塔谢韦路相交的卡姆帕尔迪诺(Campaldino)平原上有根柱子,就是为了纪念这次战争。

向乡村里面走,就可以看到更加优雅的宫殿建筑,庭院里装饰着佛罗伦萨统治者的盾形纹章,还有设计精美的台阶,塔代奥·加迪为小教堂画的壁画,乔瓦尼·德拉·罗比亚制造的上好(马略尔卡)陶器工艺品。一层的大殿里装饰的是佛罗伦萨的画和壁画。图书馆里有850幅手稿在光照下熠熠生辉,还有780本古版书和其他很多的稀有书籍。

波比的圣费代莱(Fedele)教堂建于12世纪,是卡森迪莫最大的教堂建筑。教堂里面建有三个通道的地下室,还有很多独具风格的艺术品,其中最精美的当属刻在嵌板上的画——《麦多娜和孩子们》。

从城堡的建筑形式上看,波比镇好像完全被世俗权利束缚着;这座城堡统治着这个乡村及圣费代莱(San Fedele)教堂。

73

波比景色细节展示：14世纪早期的位于帕拉佐比勒坨里奥的塔代奥·加迪（Taddeo Gaddi）画的壁画（上左图）；1477年雅各布·迪·巴尔达萨·托里亚尼刻的《佛罗伦萨之狮》（下左图）。

波比古老的门廊、窄窄的街道与阳光普照的广场相互映衬，城堡高高耸立，村庄就像抬着头寻求保护（本页图，P.74上右图、下右图）

地理位置
位于意大利托斯卡纳大区东部地区，海拔200米。
交通
从阿雷佐驱车走S71公路再转S556公路就可到达。从佛罗伦萨驱车向东走A1-E35高速公路先转S67公路再转S556公路可到达。
最佳旅行时间
夏季。
美食及推荐餐馆
Albergo Ristorance, Ristorante La Loggia.
住宿
Parc Hotel, Francioni.

卡马尔多利
Camaldoli

卡马尔多利，海拔1104米，位于亚平宁地区和卡森迪莫森林，它的位置比大多数的托斯卡纳乡村要远且荒。卡马尔多利有松树、云杉、刺槐、落叶松、无花果树、山毛榉、椴树和金链花。当你沿着坡向上走去的时候，偶尔会有水滴在路的一边滴落下来。蕨类、金雀花、仙客来（植物）使乡村的植物种类更加丰富多样。就是在这片僻静的山林里，罗穆亚尔德（Romuald）于1012年建了一座修道院。

罗穆亚尔德是拉维纳（Ravenna）伯爵的子孙。拉维纳起初在克拉西斯（Classisi）的沼泽地里过着完全孤立的生活；但是后来附近的修道院的修道士们推选他为这里的修道院院长。受此启发，他想要将隐士的理想生活与修道士的生活相结合，于是开始筹建为虔诚的参拜者而建的参拜室建筑，让他们倾诉自己精神上和肉体上的痛苦。伯爵马尔多罗·阿莱佐（Maldolo Arezzo）将罗穆亚尔德建修道院的那块地赐给了他，因此教堂的名字是campo与Maldoli相结合——Campaldoli。

罗穆亚尔德的教堂只有五座修道士的建筑和一个祈祷室。祈祷室在1027年正式用作祈祷，在后来也被扩建和重修过，1658年一度非常闻名，1693年遭遇一场火灾，现在，这座建筑在这个乡村里显得恢宏大气。教堂的前墙上有几座塔屹立着，墙的表面刻有救世主的雕塑，罗穆亚尔德和贝内迪克特（Benedict）的雕塑陪衬在救世主的周围，建筑的内部也同样丰富多彩，充满着雕刻品、画和壁画，在一进门的门廊处是15世纪米诺·达菲耶索莱的雕塑——《圣母与圣婴》。这里面也有修道士们藏书丰富的图书馆和一间布满细木镶嵌装饰的屋子。对面是罗穆亚尔德自己简单的居室，一张小床和一块新造的磨石，他的对面就是修道士们的建筑了：20间小房子，每一间都住着一位修道士，并带有一个花园。

卡马尔多利（Camaldoli）的修道士小村宁静地坐落在卡森迪诺的森林里（P.76图），17世纪得到扩建以后，教堂因它建筑的丰富多样而闻名：修道院底层的回廊（上图）、通往修道院的缔造者罗穆亚尔德的居室的通道（左图）。

修道院的内部（P.78图），德拉罗比亚做的祭坛图使这里更加优雅美观；教堂外部的恢宏则通过这对高塔的景观体现出来（P.79图）。

77

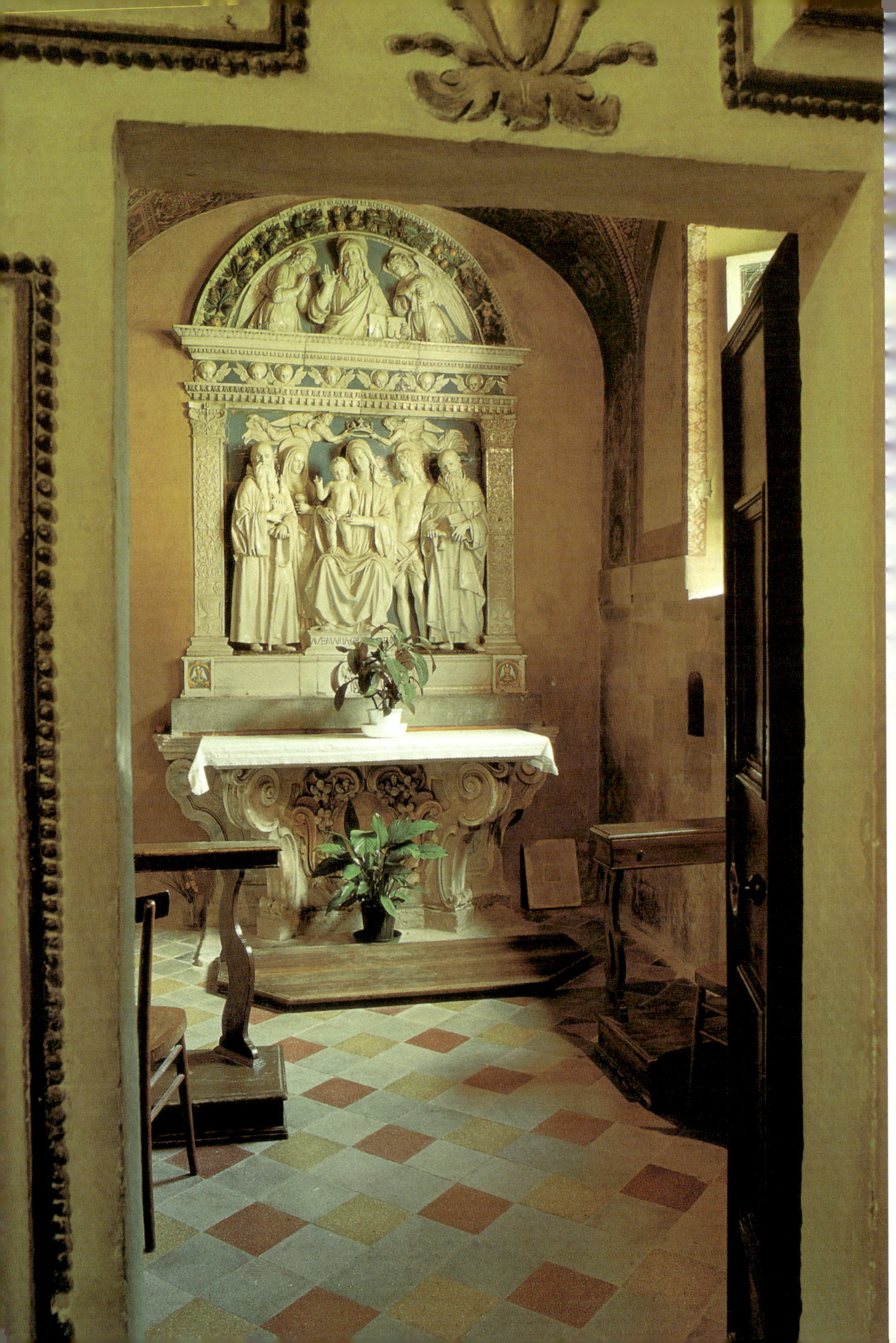

地理位置
位于意大利托斯卡纳大区东部地区，海拔1104米。

交通
从阿雷佐驱车走S71公路再转S556公路就可到达。从佛罗伦萨驱车走A1-E35高速公路先转S67公路再转S556公路可到达。

最佳旅行时间
夏季。

美食及推荐餐馆
Albergo Camaldoli, Pensione La Fooresta.

住宿
Hotel Ristorante.

卡马尔多利（Campaldoli）的巴洛克式教堂建筑（右图）也体现了这里建筑艺术的恢宏；修道士居室（上图）的简单和位于修道院的罗穆亚尔德（Romuald）的这幅画（下图）则体现了这里简单宁静的特点

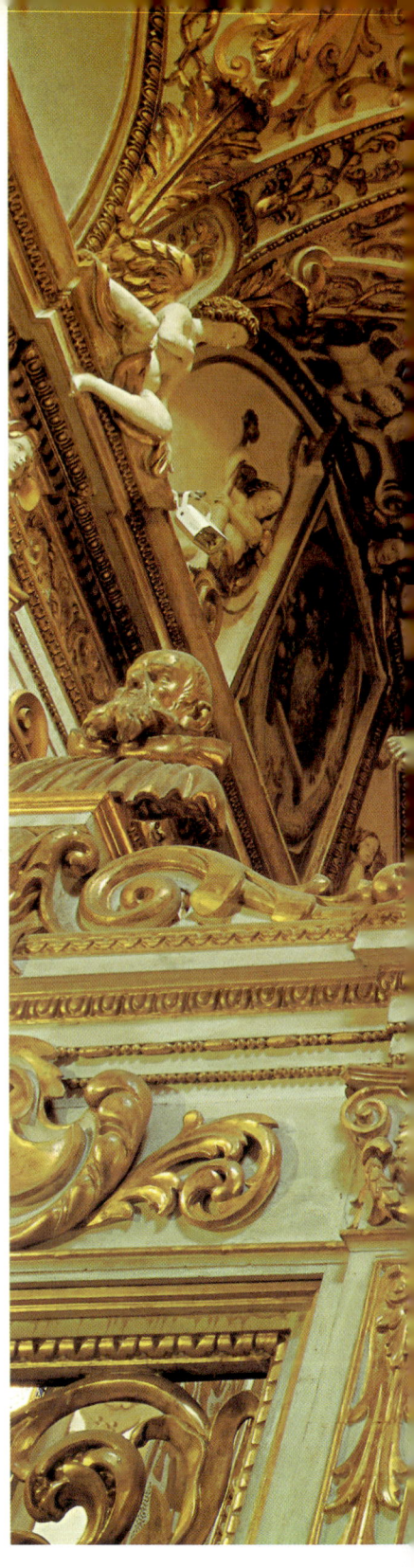

81

蒙特其外围小房子的赤陶土屋顶，它成为阿雷佐河谷景色的背景

Around Siena and Arezzo

锡耶纳和阿雷佐周边乡村

圣吉米尼亚诺
卡索莱德尔萨·吉安蒂的拉达
吉安蒂的卡斯泰利纳·蒙特其·圣萨维诺山
菲耶纳德拉基亚娜·卢奇尼亚诺·皮恩扎
蒙达奇诺·圣奎里科欧齐亚
卡斯蒂戈隆德欧齐亚

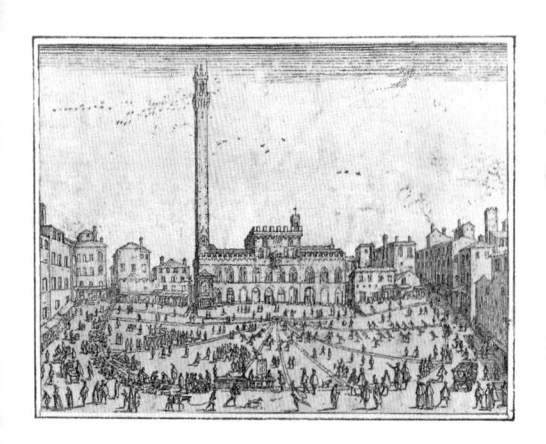

图为18世纪的一幅雕塑品，展示的是锡耶纳的中央广场，佛罗伦萨与锡耶纳曾在这里为争夺在托斯卡纳的统治权而发生战争

托斯卡纳的这片土地河流纵横，台伯河向西流去，在这里冲击出一条水道。再往里面去，就可以看见阿诺河给这里的村庄带来的一片绿色，村庄的南侧就是基阿娜河谷（Chiana valley）。欧齐亚河流向瓦尔迪基阿娜（Val di Chiana）的西部，流经许多大寺院和美丽的乡村。

在欧齐亚河边坐落着许多带有独立果园和公园的小别墅。这里不仅有宜人的自然景色，还是人与自然友好合作的范式。在17世纪晚期和18世纪初期，农业中产阶级还在这里建了乔格菲力德学院（Academia dei Georgofili），这是为农业科学的朋友们建立的学术机构，目的是研究怎样开发土地，怎样更好地保护土地资源。这座学院发挥了应有的作用，人们受益匪浅。18世纪时，为挡风而建的树篱使这片土地更加生机勃勃，柏树园和红橡树给像拉迪科法尼（Radicofani）这样的13世纪的乡村增添了不少光彩元素，拉迪科法尼就位于附近小山丘的山顶。有些植物散发着浓浓的香气，这也是为什么这里有种芳香型牛奶；这里的牧场羊群成片，给大家提供美味又可爱的皮恩扎奶酪。

这里的河流看上去也很有动态之美。台伯河在上游地区沿陡峭的峡谷奔流，到了平原地区又慢慢降低了速度。这个地区以山区为主，树木繁茂，草地、牧场都焕发着勃勃生机，好像是要争取在这里生存下去。羊群和牛群在山坡上吃草，镇上传统的花边手工者们与家具制造者做着交易，动物的毛皮被用来做成手工鞋。意大利面也是这里的主食，还有各种传统菜。谈到艺术，台伯河谷的卡普赖斯（Caprese）是米开朗基罗的出生地，所以，就算在这里一些简陋的小村镇里也可以看到米开朗基罗的作品及一些随从他的艺术家的作品。

瓦尔迪基阿娜（Val di Chiana）更加富裕也更加宁静。在亚平宁山谷中瓦尔迪基阿娜是地域最宽广的，古老的考图纳市统治着这个乡村，周围是大约500平方千米的耕作农场。这里的石头墙、带有梯田的橄榄园、松树、柏树与被墙保卫着乡村和

中世纪的城堡、教堂、寺院、伊特鲁里压和罗马人的一些遗迹相互融合在一起。

阿诺河在阿雷佐突然转变流向向北流去。这里盛产橄榄油和葡萄酒。一些古老的传统，像制毡业、玻璃业都仍在这里幸存下来了。松树长在峡谷的高处，橡树却长在深深的溪沟深处。佛罗伦萨的归尔甫派和阿雷佐的吉尔柏林派互相争夺控制这里河流的交通权和这里筑有围墙的乡村，直到1384年佛罗伦萨在争夺中取得胜利才告终。

锡耶纳市在地理上和历史上都是这个地区的统领者。锡耶纳在11世纪到14世纪的影响力尤为凸显，尤其是在1260年在蒙特皮里（Montaperi）战争中击败佛罗伦萨以后。占据着三座小山的地域，还有朝向佛罗伦萨、罗马和马雷马的三座古门。锡耶纳控制着意大利中心地区沿瓦尔迪基阿娜（Val di Chiana）和瓦尔迪欧齐亚（Val di Orcia）的两大主路达几个世纪之久。也有其他城市在这主路上建过城堡和防御型的建筑，但是，就像14世纪早期西蒙马蒂尼画的一幅有名的壁画所展示的那样，它们都慢慢地一一服从于这个强大的锡耶纳市。

在圣奎里科欧齐亚的外面就是克里特岛怪诞奇异的风景

圣吉米尼亚诺 San Gimignano

这座托斯卡纳最令人陶醉的小镇以两座露天广场为中心：一座是大教堂广场，教堂里有12世纪的学院教堂、副镇长的连塔宫殿、扎尔乌西（Zaivucci）的双塔建筑；另一座是西斯特纳（Cisterna）广场。广场是不规则形的，周围是高耸的塔，其中两座比较好的是戴尔迪亚沃罗塔（Torre dei Diavolo）和双塔阿尔丁格力（Ardingelli）。圣吉米尼亚诺的镇中心大厅，也就是说以前的戴尔波波洛宫殿，现在在其格洛萨塔（Torre Grossa）里建有一个艺术馆。以前这里大约有70座这样的塔，现在只有30座塔被保留了下来，但这些塔依然能让小镇获得"塔之聚集地"的美誉。虽然这些塔建得很漂亮，但它们是为了防御外来入侵而建的，住在塔里的贵族们要时刻准备好应对敌人的突然袭击。

小镇的两条主街道——圣吉米尼亚诺街和圣马特奥街，它们蜿蜒穿过小镇。两条主道上都有13世纪建的房子，这些房子是圣吉米尼亚诺在1353年成为佛罗伦萨的封侯之前，还是自由独立的领地的时候建的。这座小镇具有佛罗伦萨风格、卢卡风格、比萨风格，也有锡耶纳的风格；因为当时统治者允许在这里的定居者们用他们自己的风格在三角墙内建造房屋或其他建筑；三角墙的外面长着高高的柏树和葡萄藤，葡萄藤上结的葡萄就用来酿造美味的白葡萄酒——圣吉米尼亚诺的维奈西卡。

圣吉米尼亚诺的宗教建筑中，有一座是罗马风格的学院教堂，1466年建筑师基里阿诺·达·马伊阿诺（Giuliano da Maiano）扩大了教堂规模；在教堂的西侧墙有1393年塔迪奥·迪·巴图罗画的《最后的审判》，还有14世纪中期的一些描绘《新约》、《旧约》中的画面的壁画，围成一个圈形。大家容易忽略的是文艺复兴时期可爱的圣菲纳教堂（Santa Fina），这座教堂是基里阿诺·达·马伊阿诺和他的哥哥贝内德托设计建造的；教堂里面还有1475年的壁画，描绘的是10岁的菲娜决定在厚厚的木板上度过自己的人生，5年后就逝世的故事。

小镇南部大大小小、各式各样的建筑物和塔是这里景色的背景（上图）；从戴尔波波洛宫殿的塔上向西看可以看见文艺复兴时期井井有条的耕种文明的景象（P. 87 图）

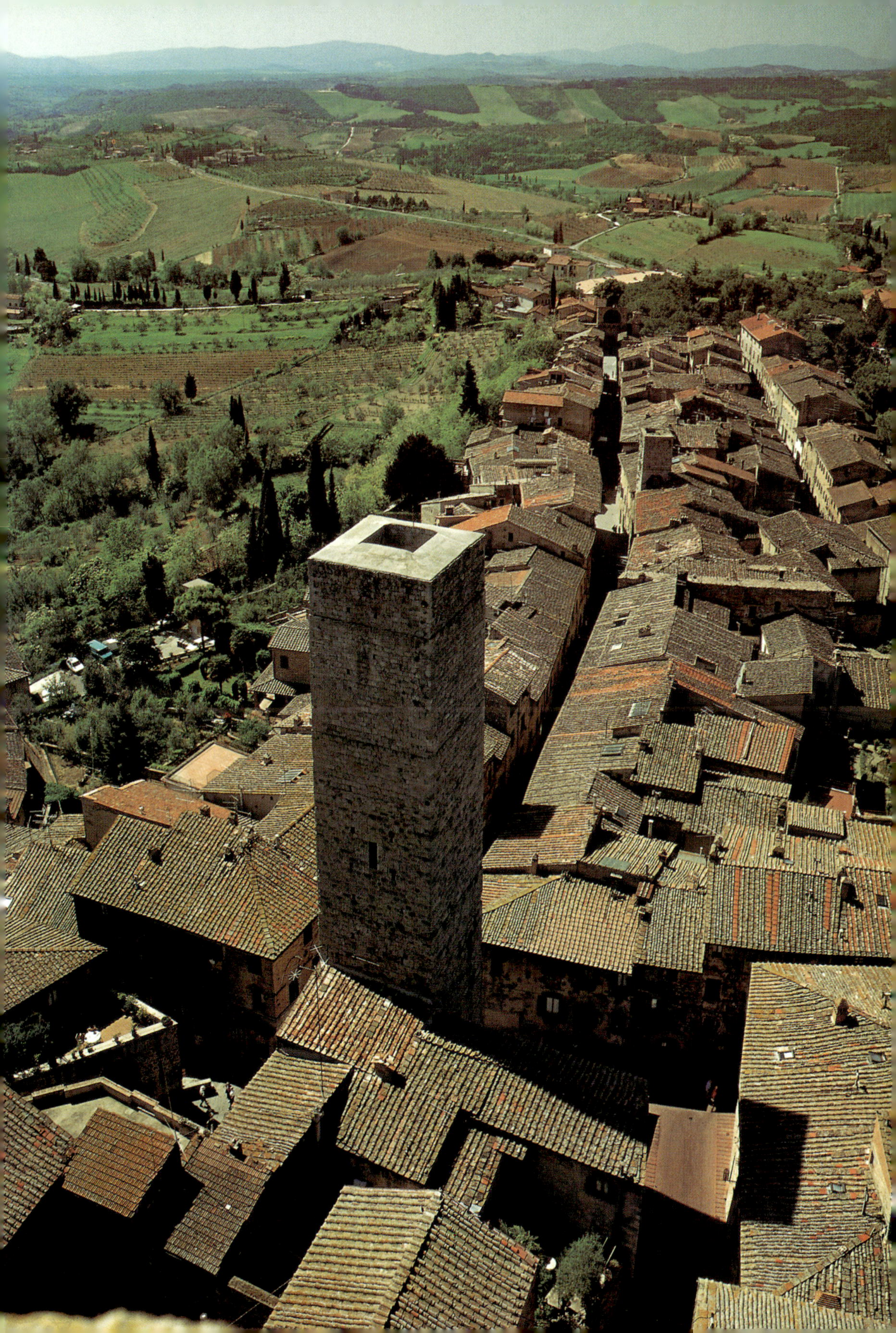

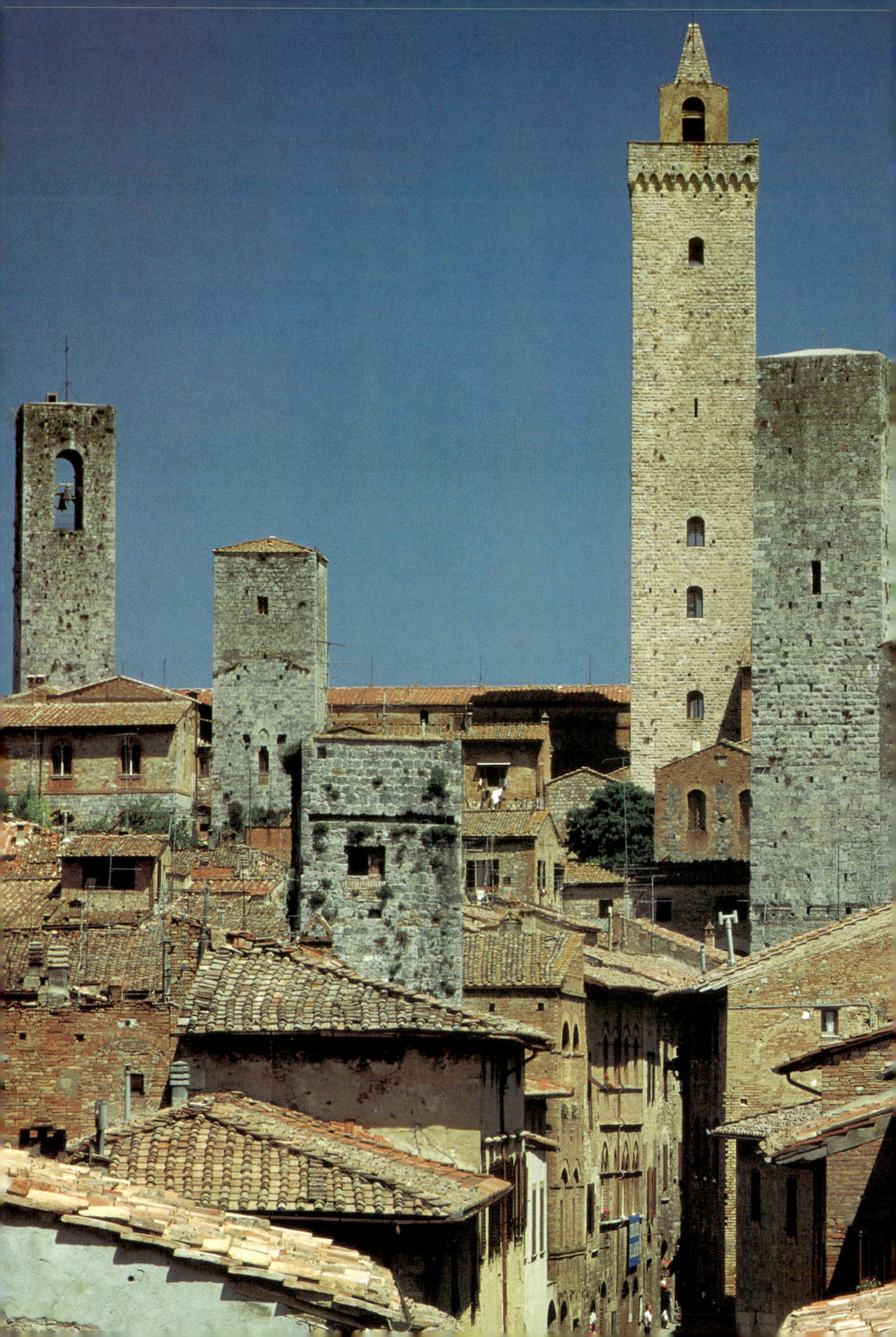

为应对战争而建的小镇：曾经圣吉米尼亚诺有七十座防御型的塔，仍然保留到现在的一座圣吉米尼亚诺博尔塔的塔给这片圣吉米尼亚诺的景色增添了一份中世纪的军事气息

坎 布里艾尔天使（上图）给圣母玛利亚（右图）带来了耶稣降生的消息；右图是多梅西科吉尔兰德阿伊奥 1482 年在学院教堂的寺院墙上所作的壁画上的两处细节展示。一些传统的工艺品在托斯卡纳仍很兴盛，图为一位雕刻师在幽静的小路边的门前工作（左图），门的上方挂的就是圣母像

夜 幕降临时，圣吉米尼亚诺的塔俯瞰着这座小镇并在庭院里和广场上留下变化多端的光影交织的景色（P. 92 图、P. 93 图）

ECIT · IVLIANVS · QVONDAM · AN
SOO GEMINIANO · MCCCCLXXII

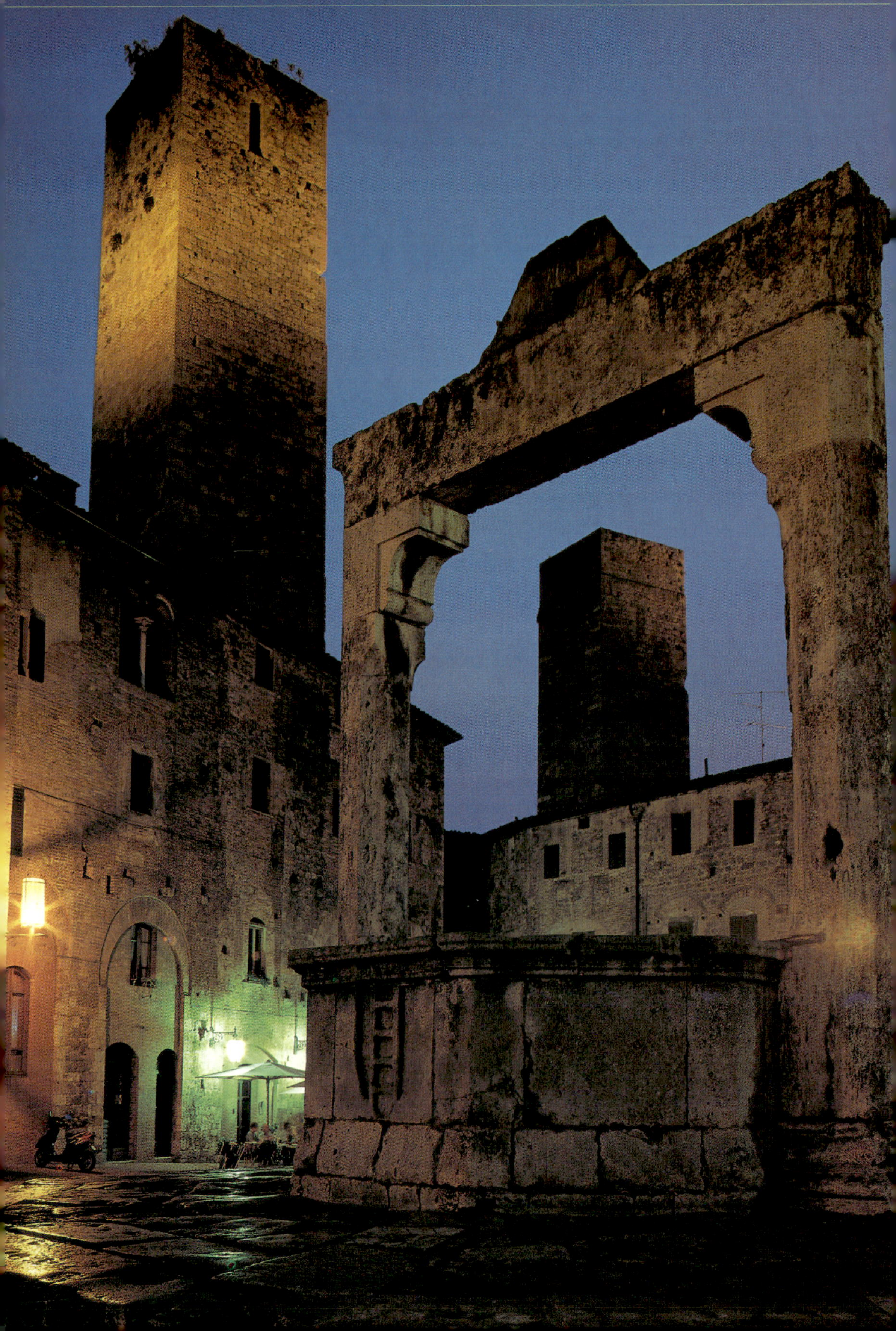

地理位置
意大利西北部，靠近锡耶纳，海拔 324 米。

风土人情及节日
在夏季有不定期的音乐会、艺术展览以及露天的歌剧可以欣赏。另外，每周四在主广场、水井广场和青草广场有定期的集市。

最佳旅行时间
四季均可，夏季是旺季。

美食
这里有意大利最著名的熏肉、特级葡萄酒及橄榄油。

住宿
Hotel Bel Soggiorno, Leon Bianco.

欣欣向荣的葡萄酒盛产景象：圣吉米尼亚诺南部的小农舍和蒙特奥利韦罗被葡萄园包围着

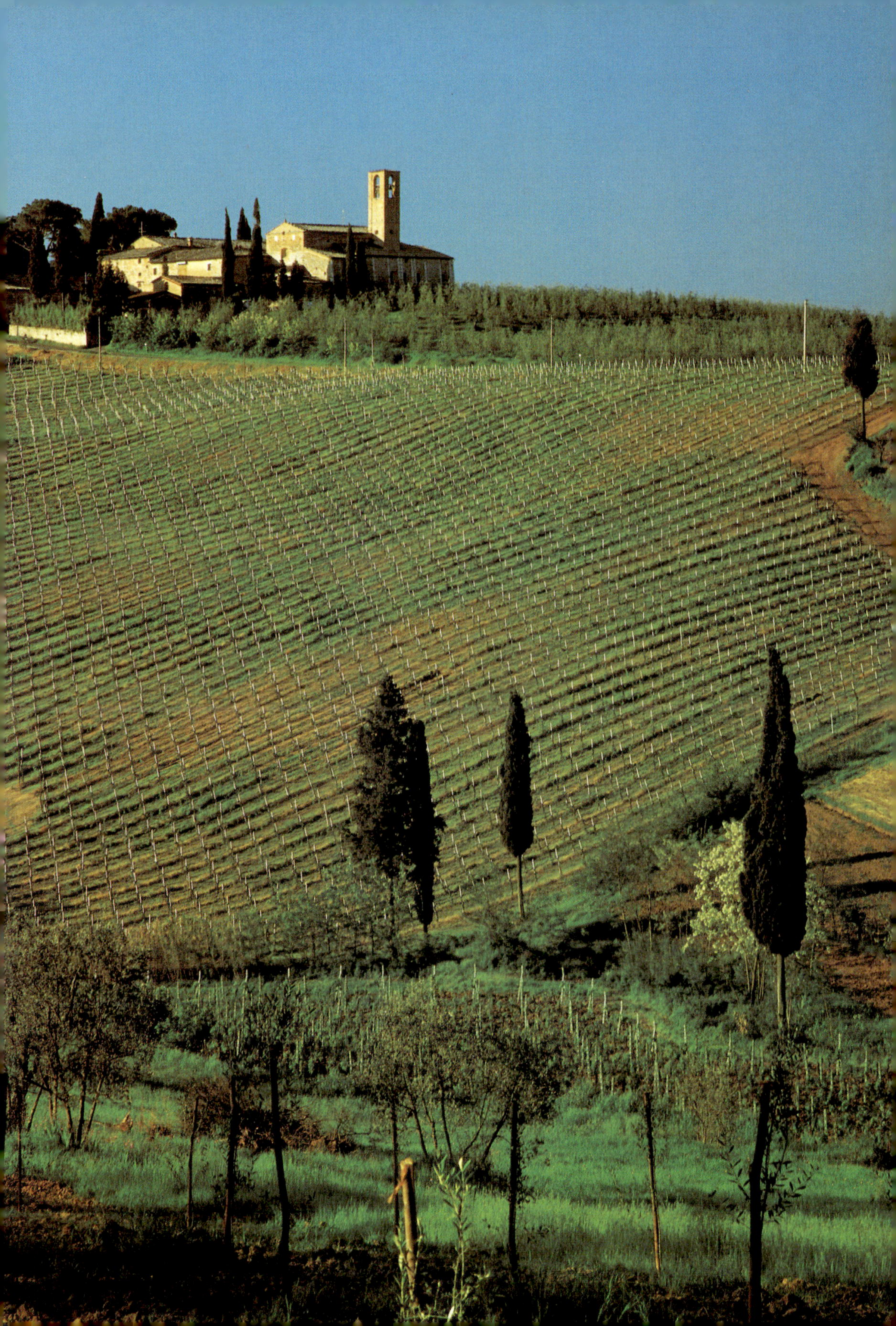

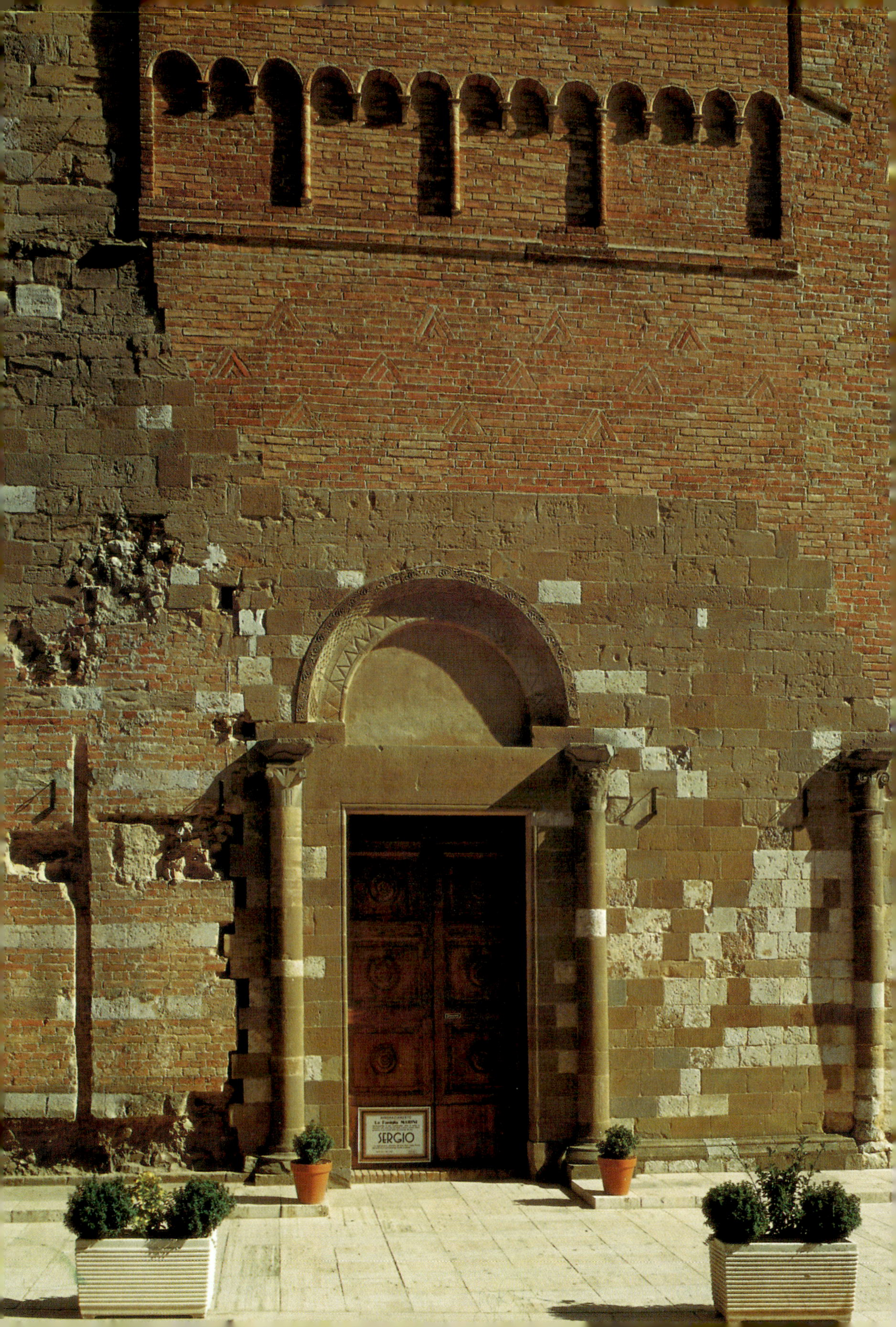
SERGIO

卡索莱德尔萨 Casole d'Elsa

卡索莱德尔萨坐落在风景如画的小山丘上，主要的两大建筑是14世纪的一座防御城堡和弗朗西斯科·迪·乔基奥·马蒂尼在1487年设计的比勒坨里奥宫殿（Palazzo Pretorio）。城堡外表坚固，里面则是文雅的壁画艺术；《圣母玛丽和圣者》这幅壁画也在里面，是为14世纪时出生在锡耶纳的贾科莫·巴齐亚罗蒂而画的。

乡村现在的样子是14世纪风格的，但它的起源其实更早，伊特鲁斯坎人的遗迹就可以证明这一点。卡索莱德尔萨的哥特式的学院教堂也与教堂地下室里存放的古物不是同一时期的，古物是比学院教堂更早一些的遗迹。教堂曾经是罗马风格的建筑，15世纪时改为哥特式风格。将五个祈祷小教堂与教堂的其他部分分开的拱门又体现了早期艺术家们的杰作。《最后的审判》这幅壁画是14世纪时贾科莫·迪·米诺德尔·皮里西奥的作品。教堂里最好的两个纪念碑，分别是纪念1303年逝世的大主教托马索·安德烈和1315年逝世的拉涅里·德尔波利纳。

学院教堂对面就是村里的长老会辖区，这里的建筑是14世纪时是用砖和石头建成的，非常美观。它旁边的修道院遗址是15世纪的建筑，里面也存有许多绝美的艺术品，尤其是1488年锡耶纳的安德里亚·迪·尼克莫画的《圣母与圣人们》，还有杜乔·迪·伯尼赛尼亚的画《圣母和孩子们》。

中世纪时期，沃尔泰拉、锡耶纳、佛罗伦萨的一些派别都争夺这块具有战略作用的土地，虽然它们的争夺导致的分裂远不如二战时期的严重，但也一定程度上造成了这里的不安定。

样态狰狞，令人生畏的城堡（P.96图）只是卡索莱德尔萨的一个侧面，这里有设计精美的宗教建筑和纪念品；卡诺尼卡修道院（左图）；上图是罗马风格的学院教堂，里面有14世纪早期加诺·达·锡耶纳的作品——大主教托马索·安德烈的遗像

97

从东南方向看,卡索莱德尔萨像位老人安详地躺在地平线上,被变幻的景色包围着

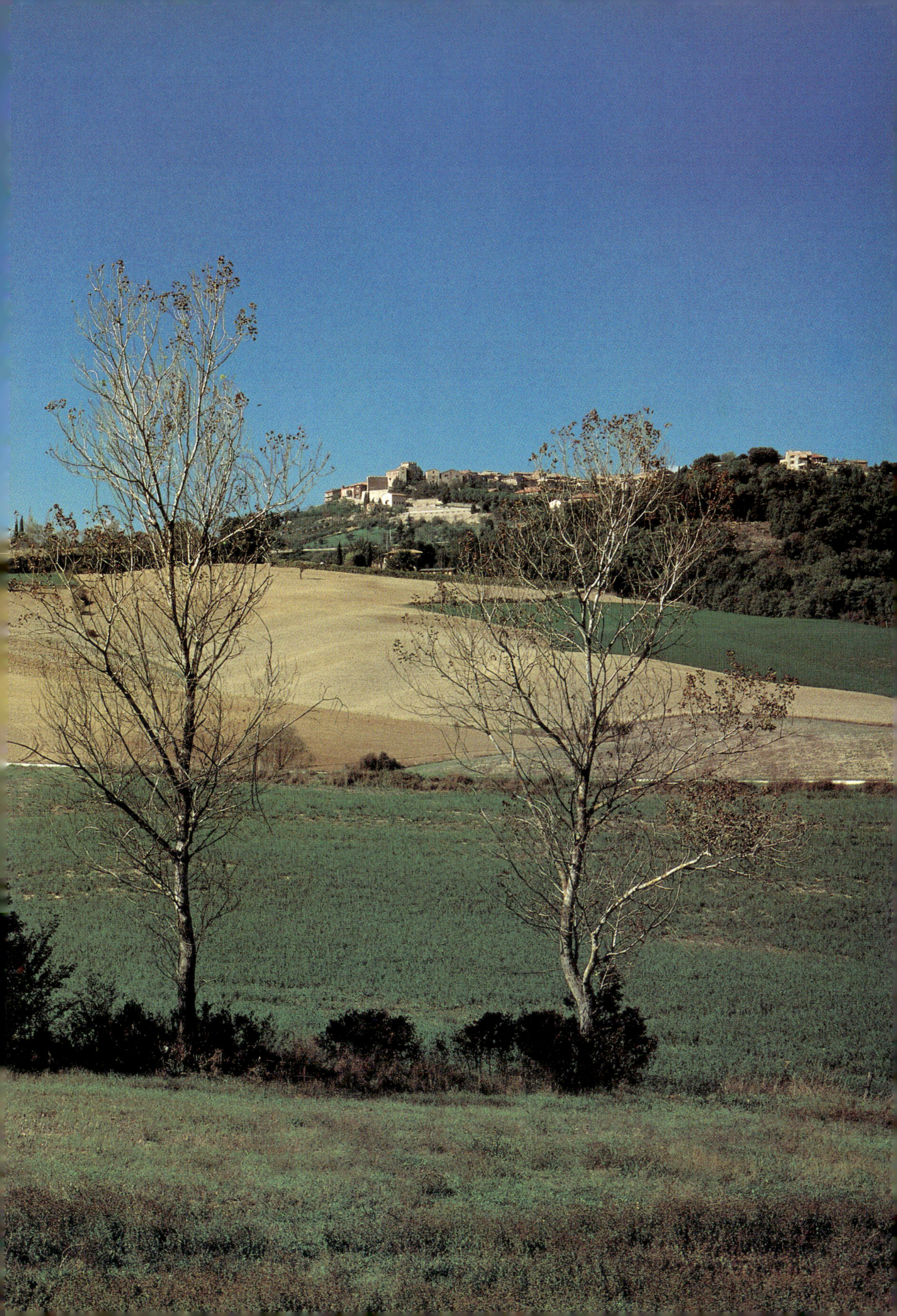

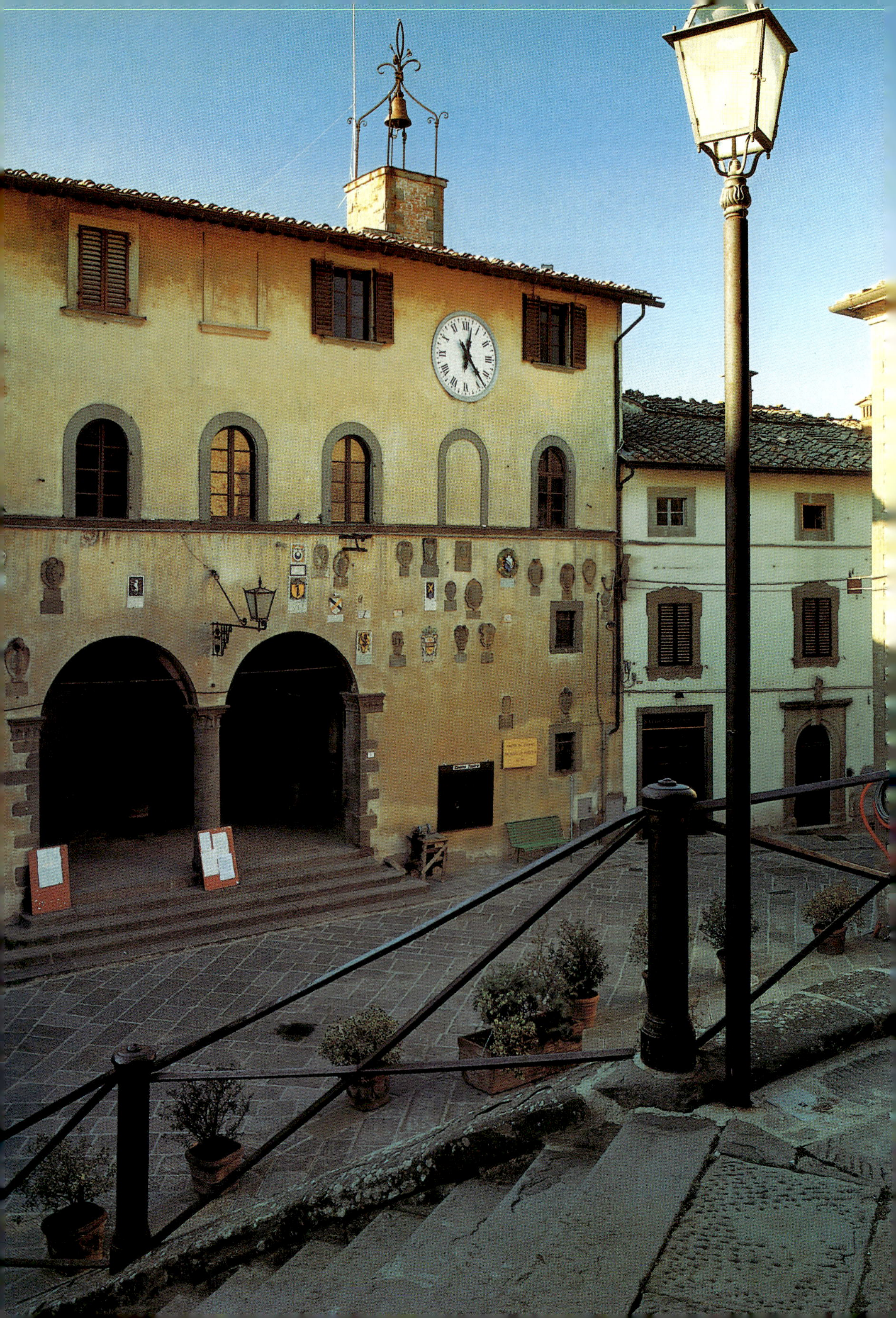

圣尼克勒教堂的台阶是欣赏比勒坨里奥宫殿景色（P.100图）最好的方位。宫殿旁边有一个大喷泉，这幅图（下图）就是取自上面的一处细节。拉达也没能摆脱中世纪末的动荡，在这里还可以看到许多防御型的建筑（右图）

吉安蒂的拉达 *Radda in Chianti*

拉达位于将佩萨河谷与阿比亚河谷分隔的小山丘上，这里是托斯卡纳盛产葡萄酒的地区之一，1415年成为基安蒂协会的总部所在地。现在，这里是基安蒂葡萄酒的历史研究中心，有当地重要的葡萄酒博物馆建筑。

历史文献第一次提及吉安蒂的拉达是在1002年，在一部法典中，上面记载奥托二世将拉达的一块领地给了佛罗伦萨的一座修道院，但圭迪伯爵拒绝了这块领地，直到1203年拉达才成为佛罗伦萨的领地。同一年，锡耶纳人包围了这个村庄，1268年，它又被法国人占领。乡村到了14世纪时才重新获得自己的独立主权，所以人们决定在村庄外围修建围墙来保护自己的领地。但是麻烦也随之而来，尤其是当阿拉贡人1478年入侵托斯卡纳后，卡拉布里亚伯爵就成了这里的领主。

从那时起，副乡长的宫殿建筑开始修建，1474年建成。宫殿的周围是窄窄的小路，仍然保留着中世纪的样式，道路两旁还有那个时期的一些房屋建筑。比勒坨里奥宫殿是14世纪建成的佛罗伦萨风格的建筑，里面有一个凉亭，建筑的表面墙上还饰有盾形纹章。通向宫殿左侧的是几个拱门，拱门的上面是带有一座钟的二层建筑，坐落在最上面的是一个安置得不是很对称的钟。对面就是圣尼克罗教堂（sant Niccolo），教堂的前面是几层台阶和一口井，慈善用的小教堂就在井的旁边。

现在，吉安蒂的拉达安静地坐落在这里。中世纪的围墙边也建了很多房屋。人们就住在以前用作防御工事的塔里；有一座塔用作当地的钟楼。围墙的外面是各种各样的繁茂的植物，树林里到处都有猎物，在狩猎的季节，当地的打猎者们也会到这里来打猎。

102 · Around Siena and Arezzo

拉达的宗教建筑：圣尼克罗教堂，旁边是慈善小教堂（P.102图），还有围墙周围的房屋建筑（左图和上图），体现了这里建筑艺术的繁荣

地理位置
位于意大利托斯卡纳大区中部地区,海拔500米。
交通
从锡耶纳出发,沿着SS2公路(卡西亚公路)向西行驶,到达吉安蒂的卡斯泰利纳后,再沿着SS429公路向东行驶可到达。
最佳旅行时间
四季。
美食及推荐餐馆
La Vigna,Antica Casa Domine.
住宿
Relais Fattoria Vignale.

这里是一片耕种的农田景象，植物繁茂，是闻名的葡萄酒之乡，P.104左上图是乡村的西部景色，而乡村的北部有著名的基安蒂葡萄园，就像皮扎诺的葡萄园一样

吉安蒂的卡斯泰利纳
Castellina in Chianti

卡斯泰利纳海拔600米，坐落在艾尔莎河、阿比亚河与比萨河的河谷间的小山丘上。很久以前这个村庄就出现了，当时这里的居住者是伊特鲁斯坎人，蒙特卡尔瓦里奥的墓地里就有这些人的纪念碑。佛罗伦萨人意识到了这里的战略重要性，曾委任菲利普·布鲁莱斯齐（Pilippo Brunelleschi）重新设计修建了这里的围墙，直到1451年工程才完工。现在，房屋建筑就建在围墙上，以前的围墙门也不在了，一个门是无缘无故地在19世纪被毁掉了，另一个是二战中被炸毁了。尽管这样，卡斯泰利纳东边和西边还都是有防御建筑的。

教堂也在二战中被毁坏，所以现在人们都只能在一个新罗马风格的教堂里面做礼拜。这个教堂里面有许多过去的文物：像劳伦佐·迪·比西15世纪的壁画作品《圣母像》；文艺复兴时期的圣·巴拿巴木刻品（巴拿巴是卡斯泰利纳的两大赞助人之一）；另一位赞助人——圣福斯图（St. Fausto），传说他是一位可以为大家带来雨的圣人，他的遗体放在同一教堂的坟墓里。

夏天，乡村街道两旁探出来的阳台上长满了天竺葵。文艺复兴晚期的乌格里尼（Ugolini）家族和比安卡迪（Biancardi）家族的宫殿外墙用盾形纹章装饰着。乌格里尼家族宫殿是15世纪时的一座精华建筑，比安卡迪家族宫殿也是同样魅力四射。在比安卡迪家族宫殿上面可以看见美第奇波比里奥十世的盾形纹章。翁贝托一世广场坐落着镇上的会堂建筑，通向外面的台阶和14世纪的塔使会堂建筑更加雅观。会堂一层的萨罗德尔卡皮塔诺有一处漂亮的壁炉，第二层可以透过四个窗户去欣赏周围乡村的树林、橄榄园和葡萄园美景。

卡斯泰利纳的会堂建筑十分壮观，它的影子洒落在翁贝托一世广场（P.106上图）上，并且在会堂建筑上方能看到整个乡村的景象；上图是从东部看到的乡村风景

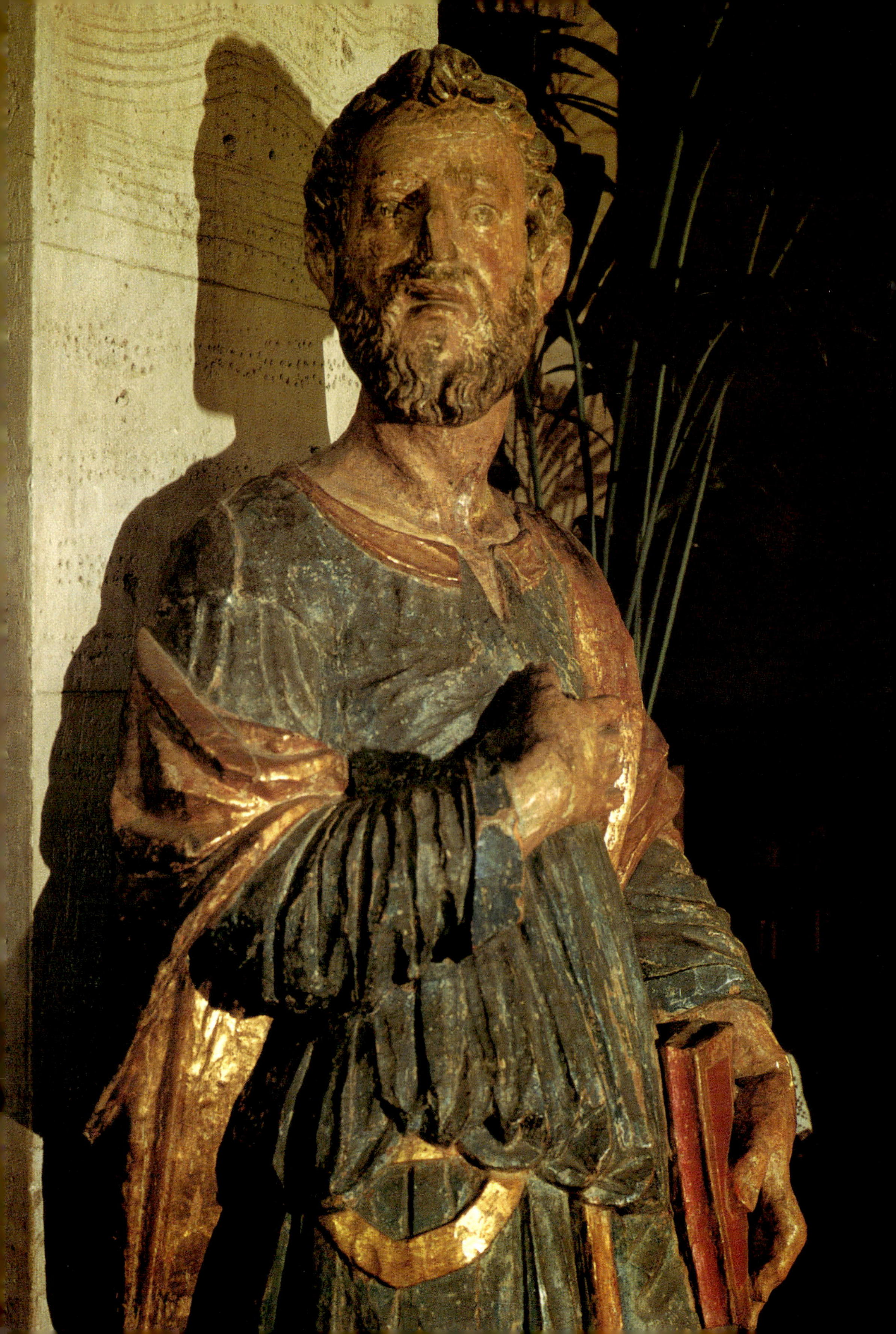

逼真的圣巴拿巴雕塑装饰在卡斯泰利纳教堂的内部（P.108 图）

吉安蒂生活的独特细节展示：大道两旁的花盆（最下图）；当地特产以及这个地区上好的葡萄酒（上图）在这里的这家小饭店（下图）可能都可以尝到（本页图）

地理位置
位于意大利托斯卡纳大区中部地区，海拔 600 米。

交通
从锡耶纳出发，沿着 SS2 公路向西行驶可到达。

风土人情及节日
每年在 10 月的第一个周末展开盛大的葡萄酒节庆，会提供很多免费的美酒。

美食及推荐餐馆
Antica Trattoria La Torre.

住宿
Hotel Salivolpi.

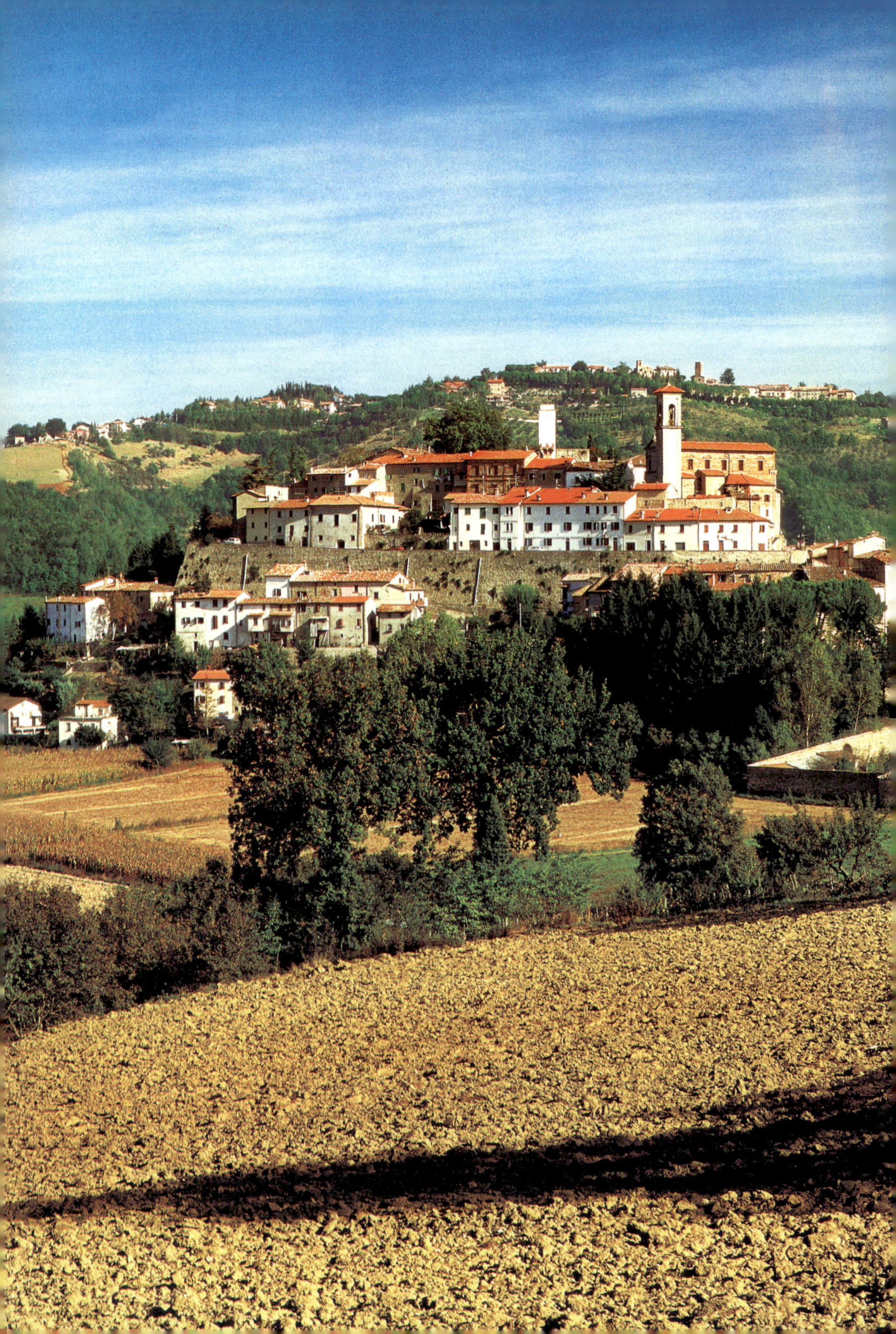

坐落在小山西南侧的山脚下，蒙特其与它的邻镇希特纳紧密相连，在地平线上就可以看到这些景色

蒙特其
Monterchi

蒙特其坐落在海拔356米的小山上，俯瞰着赛尔幅恩（Cerfone）河谷。名字来源于"蒙斯厄尔库鲁斯（Mons Erculis）"大力士山，大力士山的一些祭礼在伊特鲁斯坎和罗马时期都被沿用。蒙特其的统治者换了好几次，起初是被圣玛丽亚的贵族统治，接着是阿雷佐的塔尔莱迪（Tarlati）家族，然后是佛罗伦萨、罗马教皇，直到1860年这里成为了意大利王国的一部分。

中世纪风景如画的带拱廊的通道围绕在蒙特其罗马风格的教堂的拱顶周围，教堂是为圣西蒙而建，里面有14世纪和15世纪的壁画，一个16世纪的德拉·罗比亚圣礼容器，15世纪的佛罗伦萨的十字架，还有16世纪的一座寺院上的画——《圣母进殿》。

皮耶罗·德拉·弗朗西斯科的母亲就在蒙特其出生，1888年当他在教堂墓地里的一幅壁画作品成为公众的焦点后，乡村也出名了。墓地就在村庄外面通往卡斯特罗市的路上。这幅壁画被称为《圣母玛利亚分娩》，也许是画家为了纪念自己的母亲而创作，但是，这幅人物画像还有更深远、更重要的意义。在异教时期，或许是在皮耶罗画这幅画的时候，当地的一处泉水被人们认为是可以帮助不能生育的女人，这些不育的女人喝了泉水就能孕育小生命。

地理位置
位于意大利托斯卡纳大区东部地区，靠近阿雷佐，海拔356米。

交通
从佛罗伦萨走S69公路到阿雷佐后再向东南转S73公路就可到达这里。从锡耶纳走S73公路也可直达。

节日
玉米粥节，在每年9月第三个星期天举行。

美食及推荐餐馆
San Francesco.

住宿
Bianco.

111

在皮耶罗·德拉·弗朗西斯科的作品中，有一件是《圣母玛丽亚分娩》（P.113图）就位于蒙特其。图为两位天使将幕帘拉开露出怀孕的圣母玛丽亚，她正骄傲地用手抚摸着自己的腹部

蒙特其的光与影：在16世纪的圣尼克勒（sant Niccolo）教堂里面是壁画《上帝的馈赠》（上左图）。一座通向阴凉小街的拱门（上右图）；中世纪的美第奇路两旁堆放着冬天用的木柴，这条路看上去好像里面全是拱门（右图）

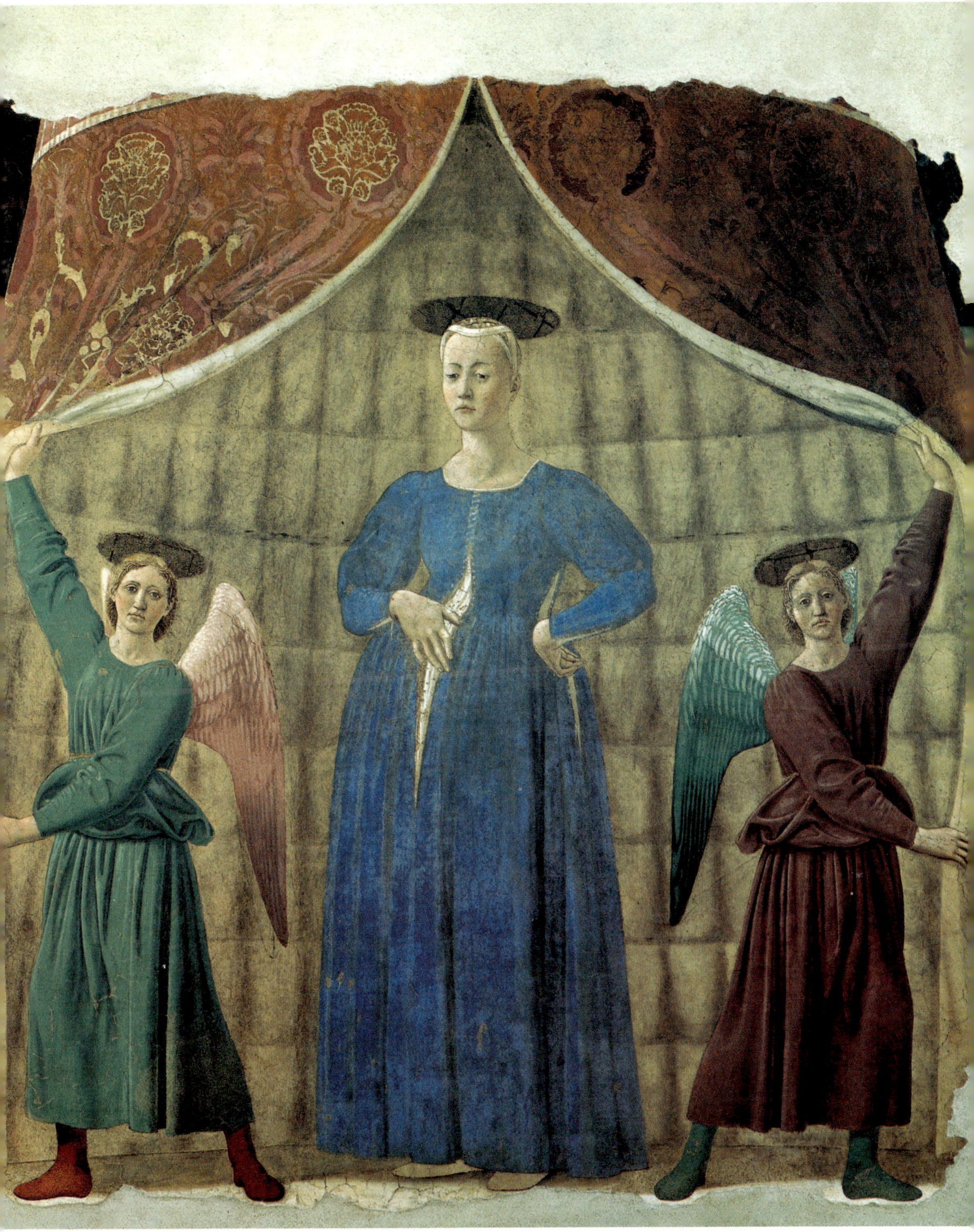

圣萨维诺山

Monte San Savino

圣萨维诺山的空中轮廓图,下图的三座钟塔显示了这里建筑艺术的丰富多样;右图的波尔塔菲奥伦蒂纳,由乔吉奥瓦萨里设计,上面是美第奇的盾形纹章

俯瞰着瓦尔迪齐纳波浪起伏的绿地的,是圣萨维诺山最高的三座钟塔,一个是点状的、一个圆顶、一个方形。小镇外围是防御用的围墙和1386年的城堡建筑,看上去令人恐惧,但这也不足为奇,因为这里曾经历过很多变迁,曾与佛罗伦萨结为联盟,1326年被阿瑞蒂姆圭多塔尔莱迪(Aretine Guido Tarlati)军队完全摧毁。在接下来的几年里,阿瑞蒂姆人将小镇重建,但统治者换了好几次:佩鲁贾、锡耶纳、阿雷佐和佛罗伦萨都曾统治过这里。在波尔塔菲奥雷蒂纳可以看到乔基奥·瓦萨里1550年设计的科西莫德美第奇的盾形纹章。在小镇的入口处是卡塞罗建筑,1383年巴特罗·迪·巴特罗设计建造,在墙垛的高处有很多垛口,可以用来对入侵者投射。对面则是一座温雅的建筑——文艺复兴时期设计简单的坎谢列利亚宫。

科尔索圣加洛也在这个小镇里,两边都有令人印象深刻的纪念碑,其中一些最好的是安德烈·康图奇雕刻的,他1460年就出生在附近的坡乔罗,直到1529年逝世之前,他都住在这里,最后还改名为安德烈·圣索维诺。圣齐亚拉教堂(Santa Chiara)里面就放着两个他的陶瓷艺术品。1518年和1520年之间,他还建了德莫尔坎蒂(dei Mercanti)凉亭,五个拱点下面是科斯林廊柱支撑着。

对面屹立的是一座更为协调的16世纪的建筑——文艺复兴时期的迪蒙特宫殿。这是安东尼奥·达·圣加洛为教皇朱利叶斯三世而建的,朱利叶斯三世就是在这里出生的。纳尼·迪·巴奇奥·比奇奥后来给这里增建了一个三面的凉亭。穿过宫殿,就到了镇上的露天小剧院。就在剧院的墙上有圣索维诺的铜质半身雕像。沿着科尔索向前,还会看到很多宫殿和教堂建筑:圣人埃吉迪奥和索维诺教堂,里面有圣索维诺1498年设计的恢宏的墓;14世纪的带有高塔与纹章的比勒坨里奥宫殿;圣阿古斯迪诺教堂,外表设计精美,瓦萨里的壁画《设想》(Assumption),还有圣索维诺设计的回廊;另一处建筑则是圣索维诺的故居。

COSMVS MEDICES MAGNVS DV
ETRVRIE

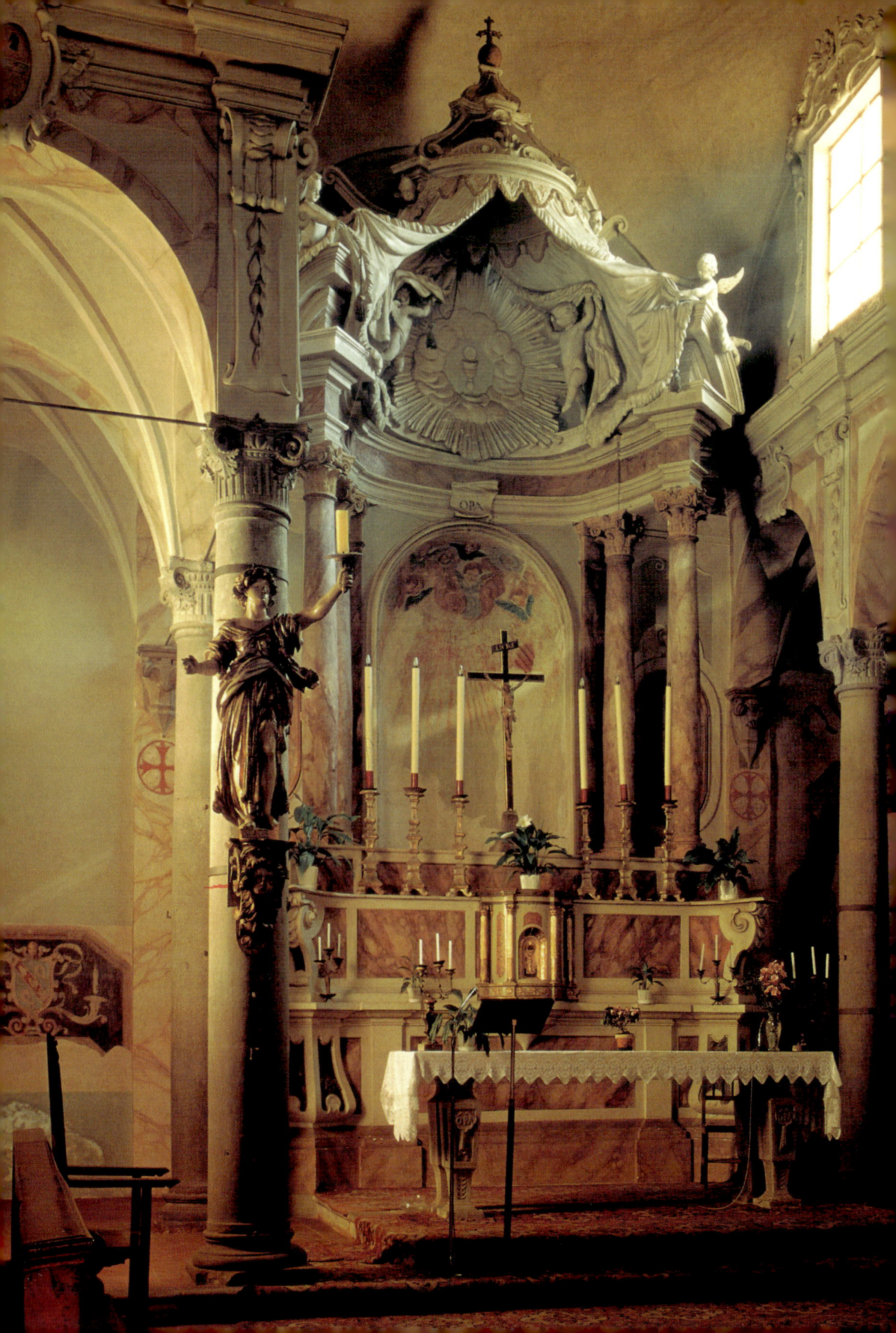

圣萨维诺山的教会建筑将恢宏与精致融合在一起：圣人埃吉迪奥和索维诺教堂的高高的圣坛（左图）；圣阿古斯迪诺的钟塔和小镇房屋屋顶的融合（顶图）；安德烈·圣索维诺1528年设计的圣阿古斯迪诺教堂的回廊（上图）

地理位置
位于意大利托斯卡纳大区东部地区，靠近阿雷佐，海拔356米。

交通
从佛罗伦萨走S69公路到阿雷佐后再向东南转S73公路就可到达这里。从锡耶纳走S73公路也可直达这里。

最佳旅行时间
四季均宜，旅游旺季在夏季。

风土人情及节日
夏季末有夏日庆典，如谢神仪式、小型音乐会以及舞会等。

美食及推荐餐馆
Buca di San Francesco.

住宿
Castello di Gargonza, Leon Bianco.

圣萨维诺山的街道上有一些颇具特色的建筑物（P.118图）和一些大大小小、形式各异的建筑精品艺术：坎瑟雷利亚官殿文艺复兴时期的前墙（上图）；1515年安东尼奥·迪·圣加洛的三面凉亭（右图）；装饰在德拉露天广场上的文艺复兴时期的官殿前墙上的盾形纹章（左图）

119

菲耶纳德拉基亚娜
Foiano della Chiana

从词源学上讲，菲耶纳德拉基亚娜的名字是"费拉姆·加尼（Forum Jani）"，这可以看出菲耶纳德拉基亚娜曾经是个罗马的小镇。小镇中世纪的中心，用砖和碎石膏建成，现在略显混乱但仍很美丽。坐落在基安蒂河谷与埃塞河谷中间的小山上，这里的道路沿山坡而建，有的道路还用台阶修成，小镇的入口是古老的拱门建筑，利卡索里路的尽头是两座房屋，波尔塔赛尼斯和波尔塔卡斯特罗的围墙都是14世纪的建筑了，爬过波尔塔卡斯特罗的台阶可以到达16世纪晚期的圣玛丽亚德拉弗拉特尔尼塔教堂，教堂的外表是古典主义的。

附近就是砖筑城的圣马蒂诺教堂，这是一座极其复杂、令人印象深刻的建筑，1512年始建，1796年建成。教堂的墙上筑有拱门，与教堂的前墙建筑形成鲜明对比。教堂里面有丰富的艺术品：1502年安德里亚·德拉·罗比亚的圣母像、卢卡西格诺雷利（Lucca Signorelli）的最后作品之一《圣母玛利亚的加冕礼》。

15世纪的天使圣米歇尔教堂在17世纪时重修过一部分，但还是保留了15世纪的一座钟楼。除了雕饰精致的15世纪的唱诗班和17世纪的忏悔室，教堂里还有玫瑰园里的圣母玛利亚，是劳莱佐·利比画的。

菲耶纳德拉基亚娜还有一些具有纪念意义的市民建筑，包括带有钟楼的奇维卡塔，14世纪就开始修建，18世纪才完工。卡威尔广场上有两座这里最好的建筑面对面屹立着，格兰德卡尔（Ganducale）宫殿带着恢宏的古典风格的拱门，是为大伯爵菲尔迪纳德二世美第奇而建的。宫殿的对面是普莱坨里奥宫殿生锈的大门入口，始建于14世纪，到1341年菲耶纳德拉基亚娜经历了短暂的自由时期才建成。宫殿的墙上有三个镶嵌板，两个是悲剧风格，一个是浮夸风格。第一个嵌板上面有弗拉·贝内尼托达弗伊阿奥的半身像，弗拉·贝内尼托达弗伊阿奥是萨沃纳罗拉的朋友，萨沃纳罗拉在克莱门特教皇拒绝了他的道歉后，在甘多尔福（Gandolfo）城堡被监禁而亡；第二个嵌板上是国王翁贝托一世的像，他于1901年被刺身亡；第三个嵌板上是自鸣得意的路易·吉迪雷根蒂，他代表小镇在意大利的议会工作了24年之久。

弗伊阿诺（Foiano）街沿小镇的山坡蜿蜒而建，为这里带来了光与结构的多样变化；上图是利卡索里街上的碎片式前墙建筑；右图是波尔塔戴尔卡斯特罗附近的漂亮的带拱廊的凉亭

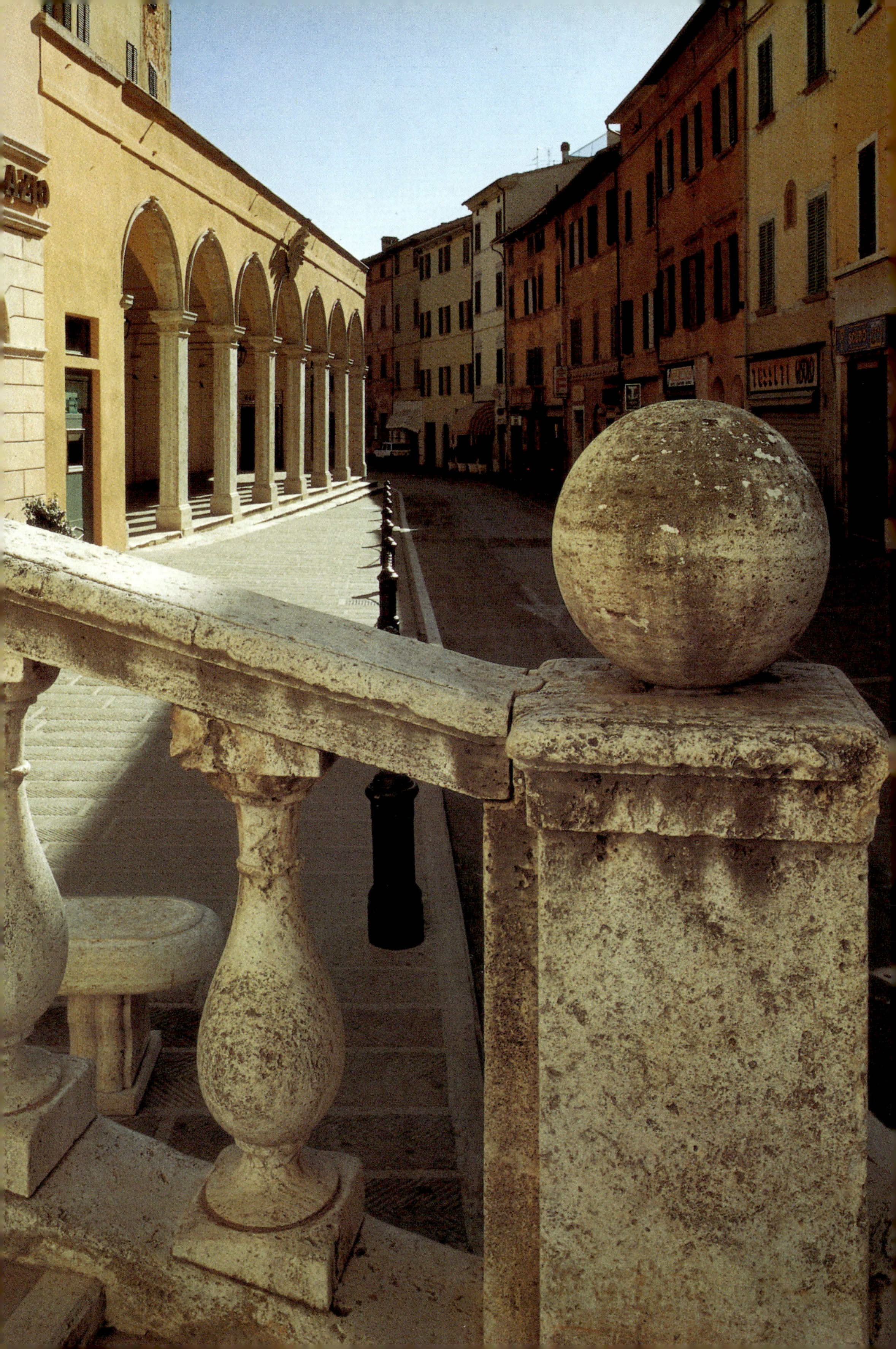

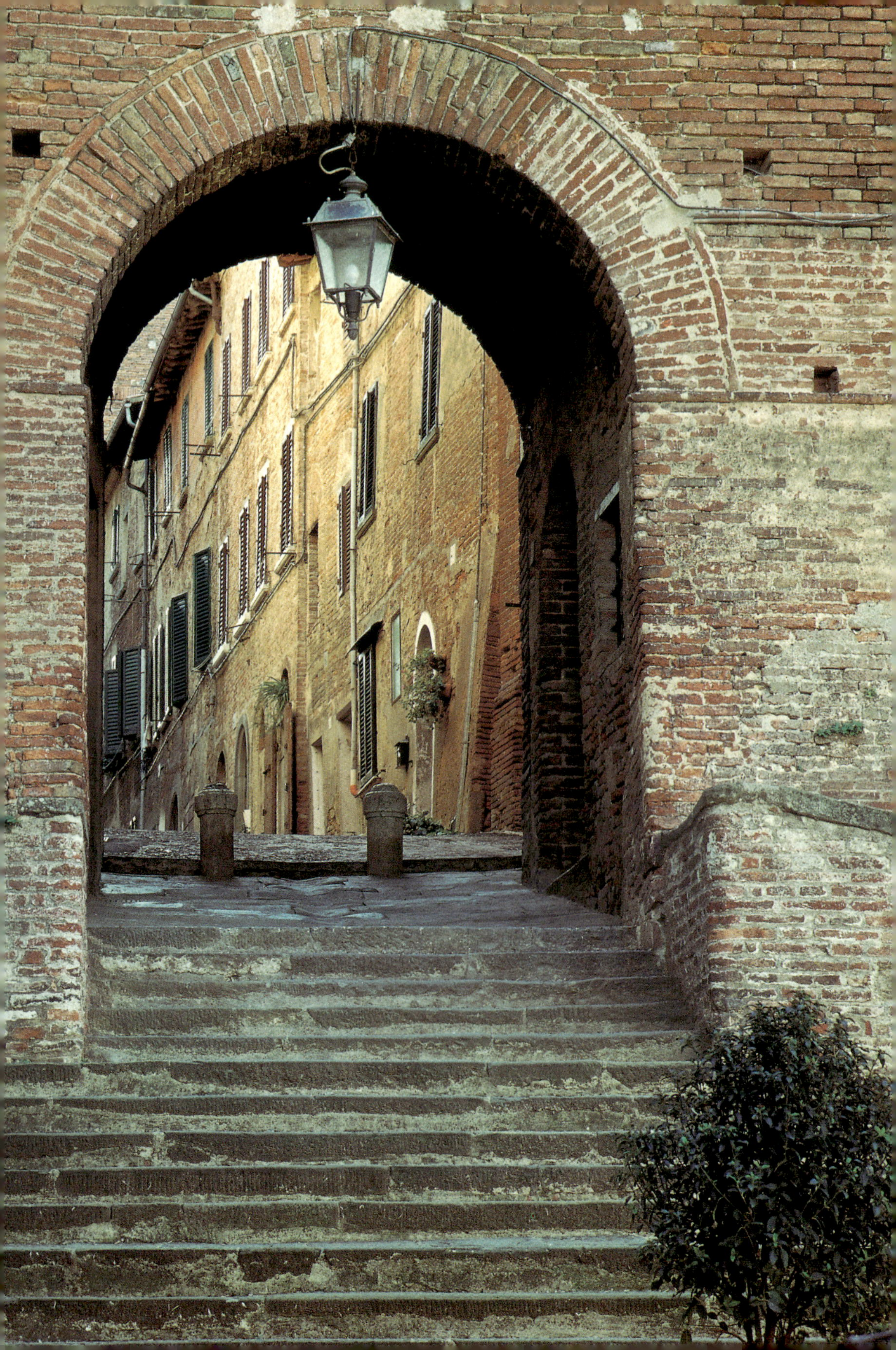

这是个充满奥秘的地方（P.122 图），这些台阶就是通向波尔塔利卡索里的；弗伊阿诺（Foiano）展现了这里的神奇的珍宝（此页图，顺时针方向）：位于圣马蒂诺学院教堂的安德里亚·德拉·罗比亚的圣母像；16 世纪晚期圣玛丽亚德拉弗拉特尔尼塔教堂的侧面；普莱垞里奥宫殿生锈的门；穿过波尔塔戴尔卡斯特罗的台阶

123

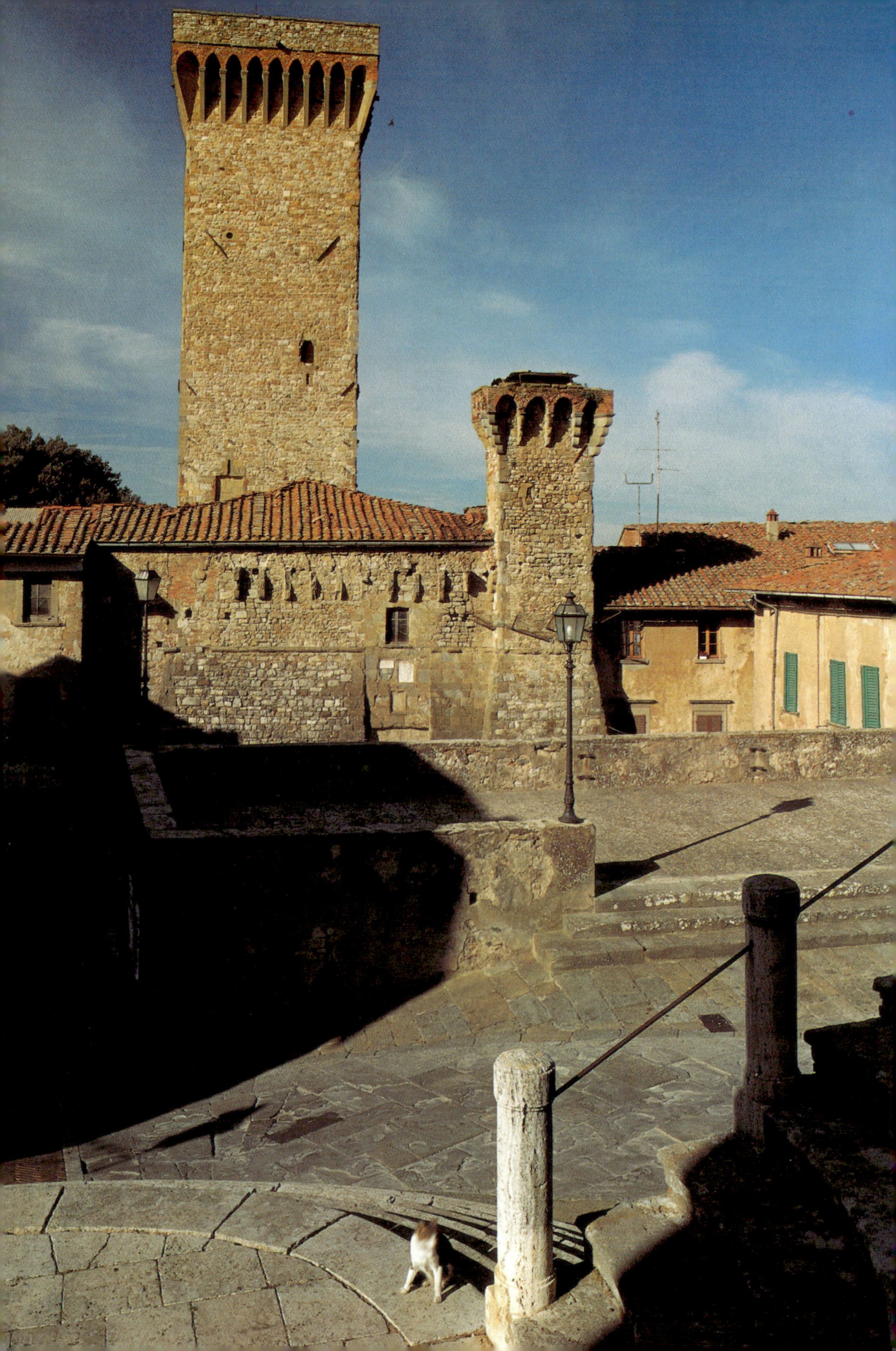

乡村14世纪用于防御工事的塔高高屹立在房顶的上方（P.124图）；卢奇尼亚诺的拱门有很多，像下图这个古老的拱门横跨在乡村椭圆状的街道上，还有1594年装饰在学院教堂（右图）上的古典风格的拱门

卢奇尼亚诺
Lucignano

卢奇尼亚诺坐落在小山丘上，山的一边是一座14世纪的堡垒，用来保护中世纪的波尔塔圣圭斯托；卢奇尼亚诺是一座椭圆形的中世纪风格的乡村，每一座建筑都设计精湛、新奇独特。周围环绕的墙边是白色、棕色的房子。曲折铺满石头的小窄路通向乡村的中心，中心设在拱门的下面，还有向上的石阶。

通向卢奇尼亚诺学院教堂的是一层设计精美漂亮的有两个弯曲的台阶，教堂的底层是砖和石头，上层还是粗糙的设计，还需要一个大理石的外墙装饰。教堂是奥拉奇奥·波尔塔设计的，为圣米歇尔天使而建，1594年建成。在1709年，安德里亚·普佐（Andrea Pozzo）为教堂设计了很高的巴洛克风格祭坛；祭坛上有镀金的米歇尔刺龙雕塑，周围大约有六个圣人半身像雕塑的遗迹，每一个都是一座镀银的圣物箱。其他的一些雕塑放在教堂两边的枝状大烛台上。

这个乡村里教堂数量很多，也因此而获益：新古典主义风格的圣朱塞佩教堂，门口建筑是1741年建的；哥特式的圣弗朗西斯科教堂，1248年始建，还有罗马风格的外墙。圣弗朗西斯科教堂里面有珍贵的壁画作品，一些作品出自巴托罗·迪·弗莱迪和塔代奥·巴托罗之笔。在教堂建筑的旁边、耸立在广场中的是政府宫殿；宫殿里面饰有精美的壁画，中央大厅里是16世纪的《圣母怜子》（Pieta）雕像，带有拱顶的萨拉德尔法庭里面是15世纪中期描绘古典的和《圣经》里英雄状的壁画。宫殿里的小博物馆有个很大的哥特式的金制圣物箱，高2.5米，被人们称为"卢奇尼亚诺之树"，这座圣物箱是1350年到1471年间建成的，上面有24个分支从一个中间轴伸展出来，并且上面还饰有叶子，每12个分支的末梢处是一座圣徒的圆形浮雕。

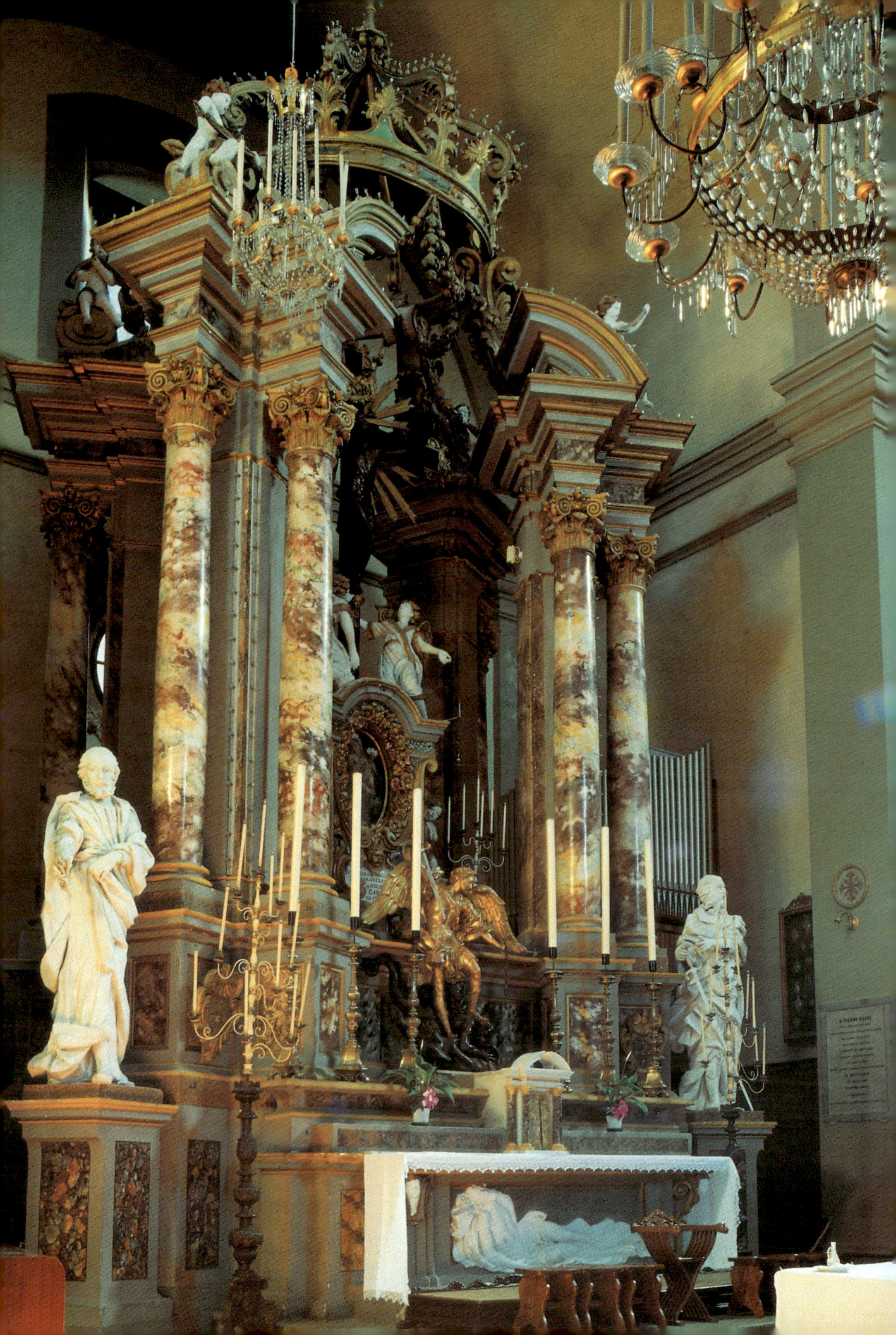

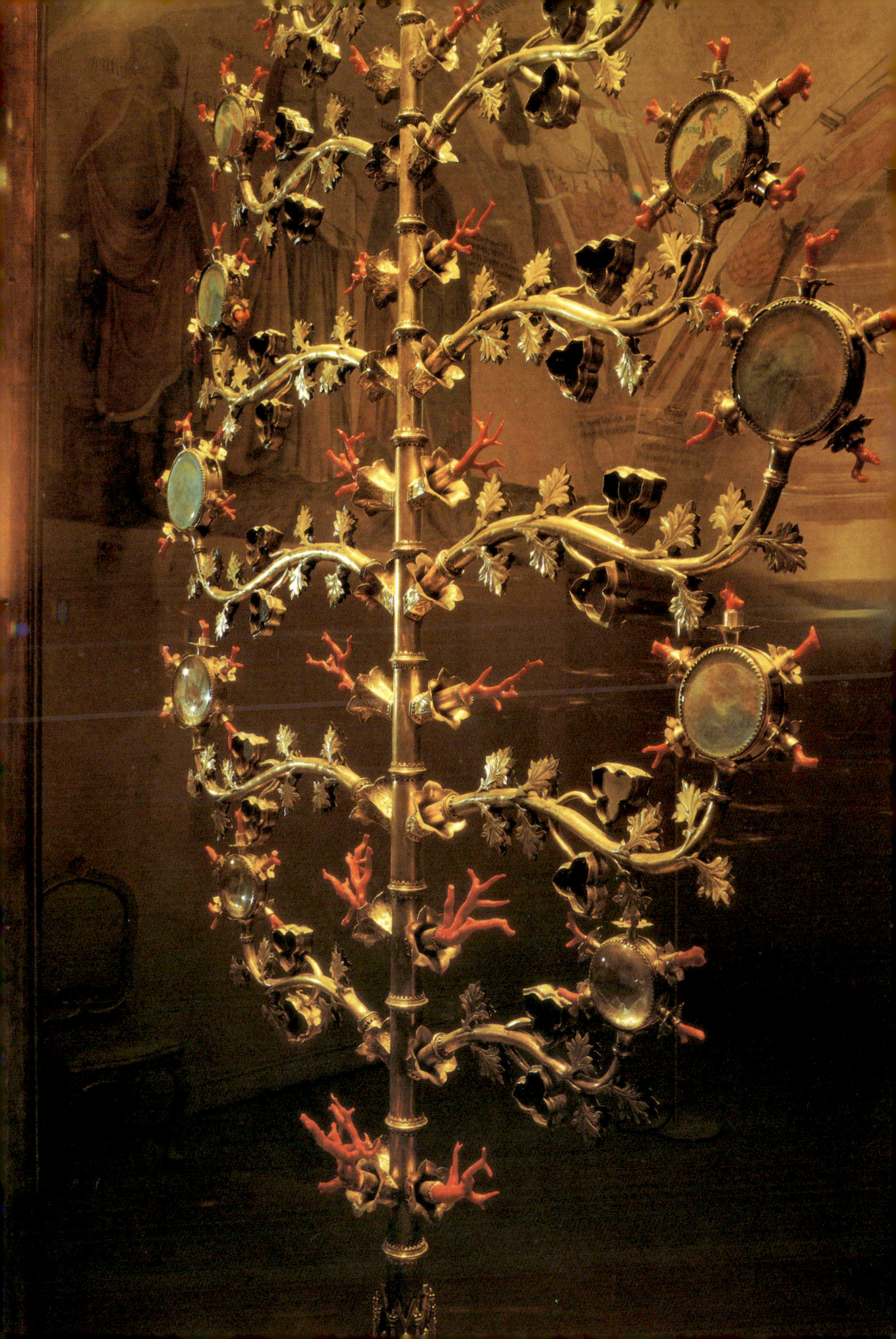

安德里亚·普佐（Andrea Pozzo）为圣米歇尔天使教堂设计的巴洛克风格祭坛；珊瑚装饰的"卢奇尼亚诺之树"（P.126图、P.127图）

128 · Around Siena and Arezzo

文艺复兴时期和12世纪在这个喧嚣、有活力的乡村交织在一起：萨拉德尔法庭里面的15世纪的《圣经》和古典人物壁画（P.128上图）；圣弗朗西斯科教堂的罗马风格外墙（P.128下图）；街区生活一览（本页图）；卢奇尼亚诺的橄榄园（P.130图、P.131图）

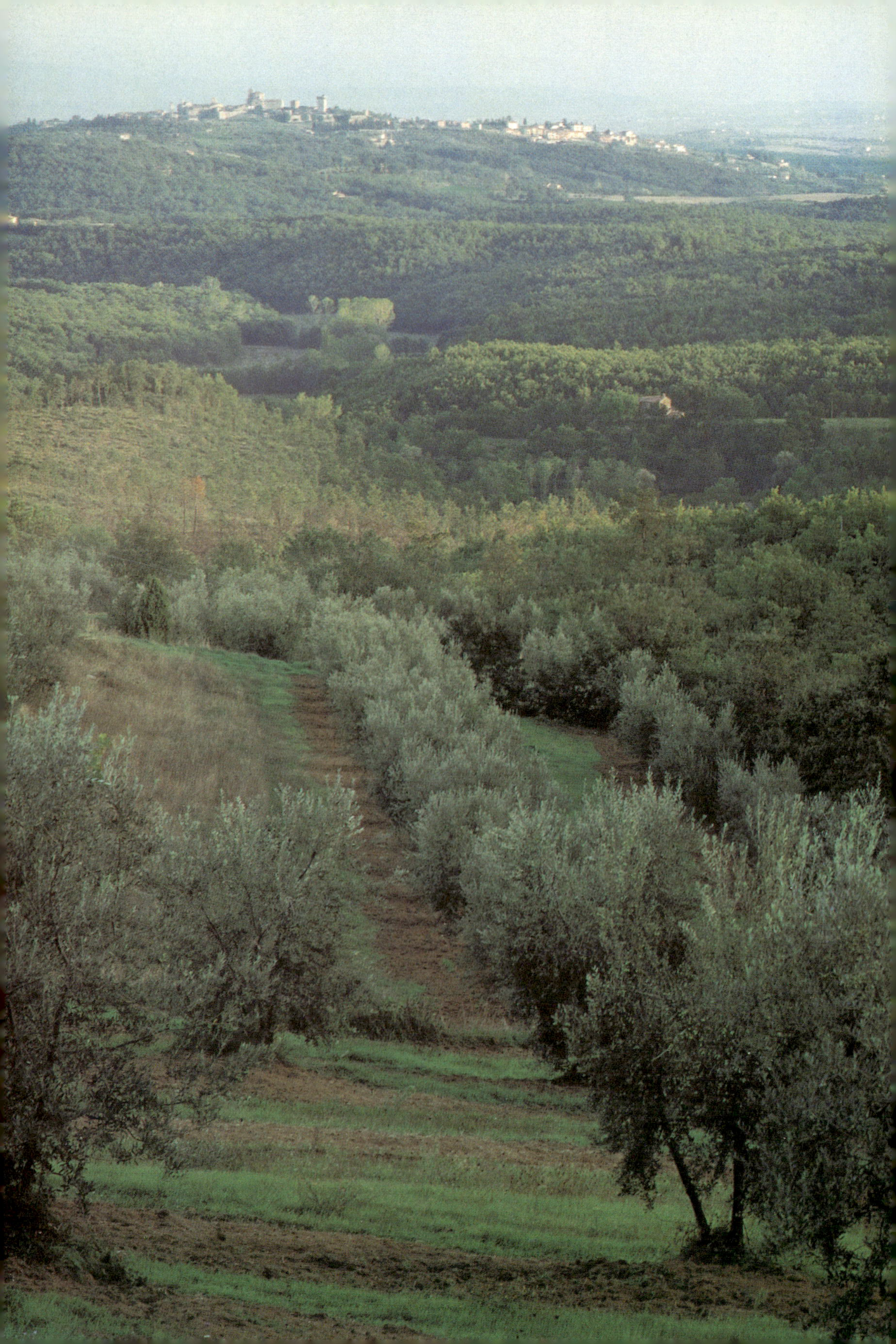

交通

距离罗马、圣吉米尼亚诺约 70 千米，从以上大城市到达这里不到 1 小时。

最佳旅行时间

四季风景各有特色，一般旅游旺季在春夏秋三季。

风土人情及节日

每年 5 月的下半月，这里都会举办 Maggiolata Lucignanese 的节日，当地人会在当天举行花车游行和演唱民歌等节目。

住宿

Ristorante-Hosteria da Toto.

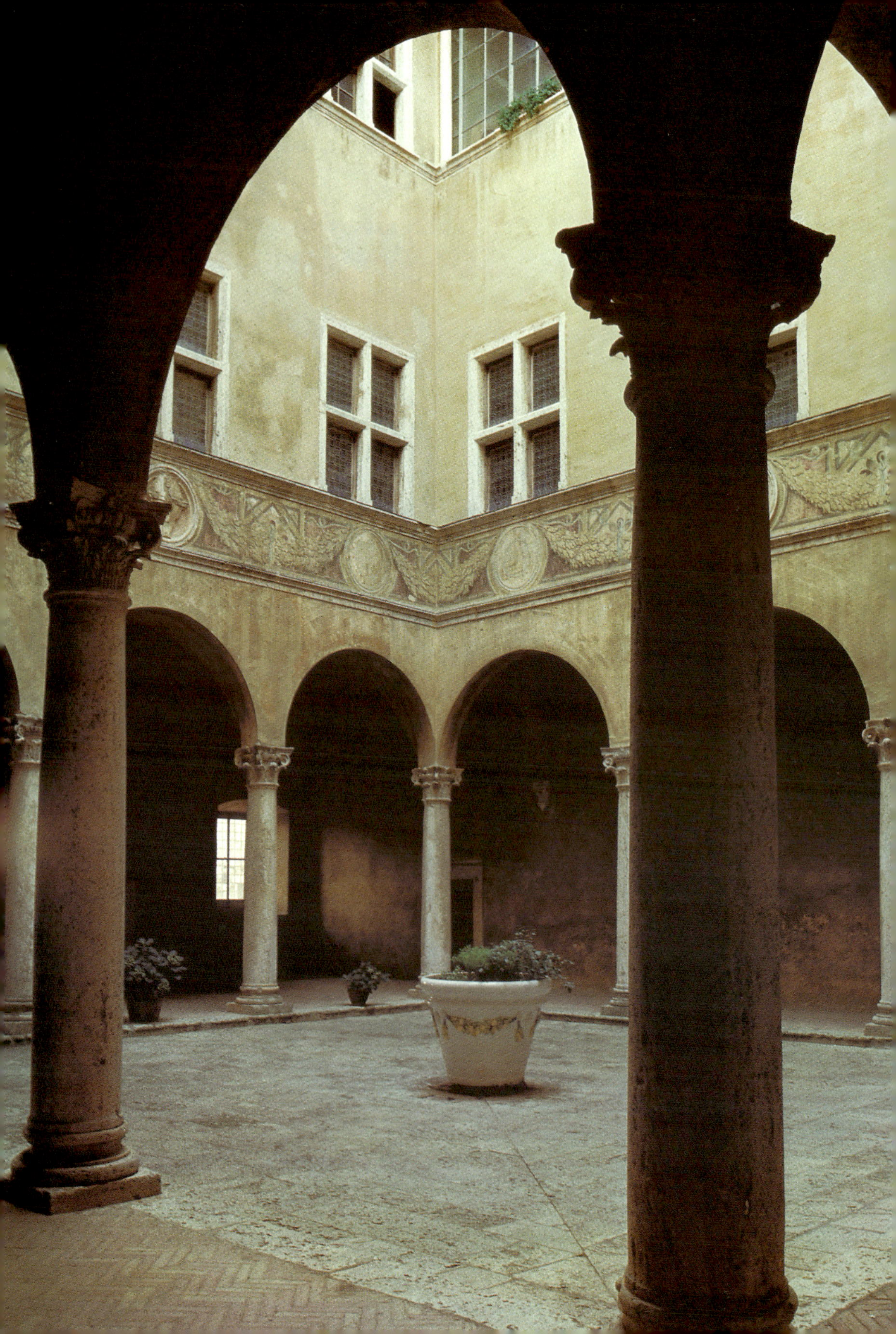

皮恩扎
Pienza

托斯卡纳人称皮恩扎是"缔造者之城",因为它几乎是一个人的创造成果,这个人就是佛罗伦萨建筑设计师贝尔纳多·迦姆贝莱利(Bernado Gamberelli),他更喜欢人们称他为罗塞利诺。在中世纪的时候,这座小镇被称为克斯格纳诺。1405年,埃内亚·西尔韦厄斯·皮科洛尼在这里降生了,就是他1458年被贡献给了皮厄斯二世(Popo Piuss II)。他将他的出生地改名为皮恩扎,并委任罗塞利诺去重建这个小镇。

罗塞利诺的全部设计构想都是基于一个露天广场,这个露天广场因他的赞助而名为皮厄斯二世广场。广场的中心是一口精美的文艺复兴时期的水井,因为这是一座山间小镇,需要汲水的设施。小镇上的大教堂是意大利第一批以文艺复兴风格建造的教堂之一。教堂的山行墙饰上刻着皮厄斯二世的盾形纹章。教堂里面是一些奇特的祭坛壁画,都是出自韦吉耶塔(Vecchieta)、马泰奥·迪·乔瓦尼、乔瓦尼·迪·保罗和萨诺·迪·比特罗之笔。地下室里有罗马风格的雕塑,还有一个罗塞利诺设计的洗礼盘,他还设计修建了雕饰恢宏的教工住宅。

在这个露天广场里,还有另一座匹克罗密尼宫殿,是罗塞利诺根据他的故乡佛罗伦萨的鲁切拉宫设计建造的。在教皇的居室里挂着皮厄斯二世(他原谅了与一位修女逃跑的菲利普·利比)的肖像画。军器大厅和图书馆都很迷人,还有三层的凉亭也是魅力无限。宫殿的悬浮式花园面对着欧齐亚河谷,后面是13世纪后哥特式的圣弗朗西斯科教堂,卢卡·西尼奥雷利的作品《圣母像》就在这里,教堂里还有杜乔画室的十字架、14世纪和15世纪的壁画作品。

广场的北边是政府宫殿建筑,1463年建成,里面筑有拱门和圆齿状的钟塔。东部高高耸立着哥特式的主教堂宫殿,这是皮厄斯二世建的,后来传给了博尔吉亚·泊伯·亚历山大六世。

皮恩扎以它的羊奶酪——羊乳干酪闻名。在9月的第一个星期天,这里会举行奶酪集会,十分热闹。在8月和9月,镇上还会邀请一位有名的艺术家住在政府宫殿里,教来此参观游览的学生学习艺术。

这座小镇是埃内亚·西尔韦厄斯一个人建造的,教堂里的这块纪念碑(上图)就是为了纪念他,作为教皇,他取名为皮厄斯二世不是因为宗教原因,而是为了纪念维吉尔的"皮厄斯勇士"。皮厄斯还建了小镇上大部分的建筑物,他自己的匹克罗密尼宫殿(左图)就是他的作品。

匹克罗密尼的影响波及整个皮恩扎：它的胳膊雕塑就装饰在蒙塔尔奇诺的墙上（上图）。皮恩扎教堂的艺术财富非常闻名：韦吉耶塔（Vecchieta）的画《教皇皮乌斯为圣阿加莎切断的乳房祈福》（左图）；15世纪撒诺·迪·比特罗的作品《圣母和圣人们》（P.135图）

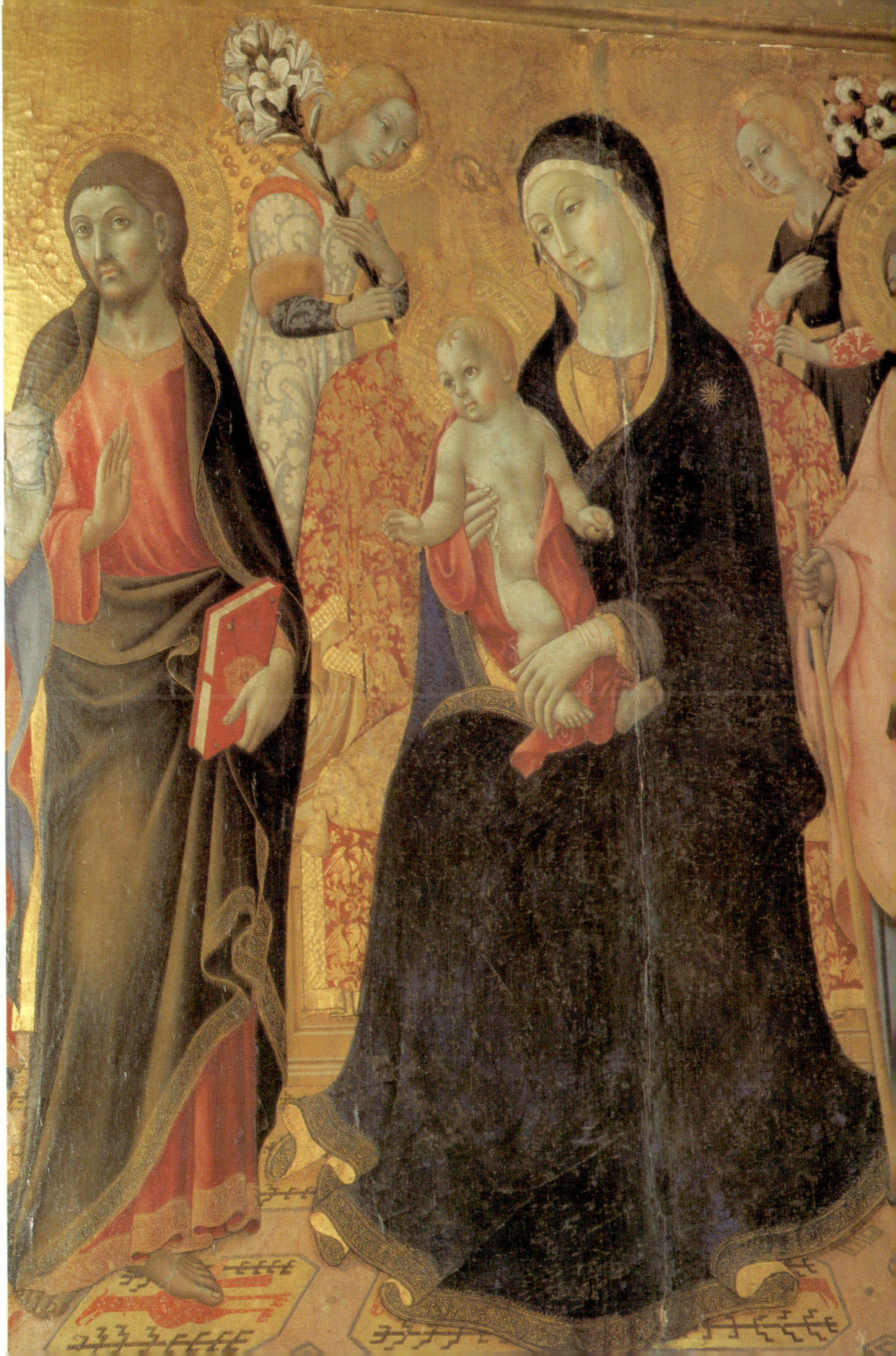

夜幕笼罩下的皮恩扎的防御壁垒（上图）；粗糙的外表很难让参观者想象到文艺复兴风格的建筑的内部景象：皮恩扎教堂外墙的三个视角的景观（右下图、右上图、P.137图）

地理位置
位于意大利西北部的托斯卡纳地区中部。
交通
从锡耶纳乘火车可到达。
风土人情及节日
花草节是皮恩扎当地人自发的植物展,一般在5月中旬举行。7月的后两个星期有戏剧节。
美食
皮恩扎地区的美食以羊乳酪最著名。每年9月的第一个星期五,人们都会在当地举办乳酪节。
住宿
Albergo Corsignano, Podere Fonte Bertusi.

一座神奇的小农舍独自坐落在皮恩扎与圣奎里科欧齐亚之间的山脊上（右图）

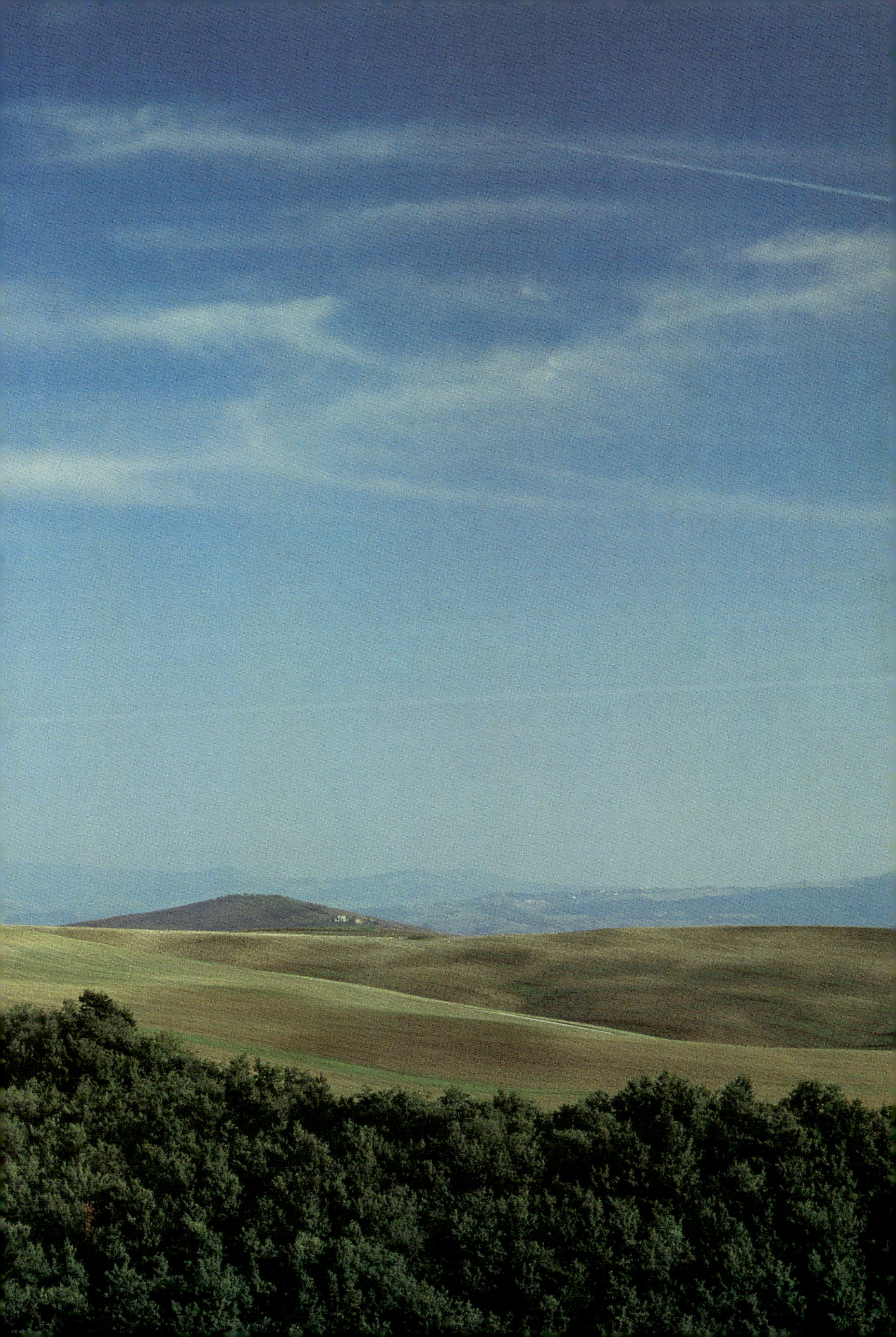

蒙达奇诺
Montalcino

上图是蒙达奇诺14世纪的一座城堡，现在，这里面有一个葡萄酒博物馆，以前这座城堡是为保护在小山这边众多的教堂、街道、房屋（右图）而建的

古老的蒙达奇诺紧挨阿索河谷上的山丘顶部建立，那里有着成片的橄榄树和葡萄树。假如说这样的地理位置还不足以帮助小镇防御入侵者，那小镇还保留了13世纪时壁垒建筑的一些部分。一座中世纪的城堡也保护着这座小镇，城堡建于13世纪和14世纪，现在变成了一个葡萄酒博物馆。

这座小镇是一座13世纪的天堂，并毫无损伤的一直幸存到了20世纪。这么多年里，小镇积累下了一座座建筑艺术的珍宝——戴尔波波洛露天广场上的13世纪的政府宫殿与一座文艺复兴时期的凉亭相连。利卡索里街上的民用和宗教博物馆里还藏有锡耶纳人画的画以及14世纪和15世纪的艺术家们——索多玛、比卡鲁米（Beccalumi）、巴托洛·迪·弗莱迪创造的多彩的木质雕塑。这里其他的艺术珍品，包括一个12世纪绘制的十字架、当地的陶器工艺品、带有灯饰的《圣经》。

再旁边就是这里的罗马及哥特式风格的圣阿戈斯迪诺教堂。这里还有一座考古博物馆，里面展览的全是史前的文物和伊特鲁斯坎人的发现，这些文物都放在一间精美的小屋里，里面还有索多玛的弟子的作品作装饰。

很久以前，这个小镇是锡耶纳共和国的一个封地。在1555年锡耶纳被围攻的时候，统治者们都在蒙达奇诺躲避着，作为回报，从那以后小镇在赛马会上有了荣耀的地位。赛马会是每年夏天在市广场举行两次，到现在仍然是这里最重要的活动。

小镇外围的葡萄园为这里生产了上好的葡萄酒——布鲁内诺迪蒙达奇诺。还是在这个小村庄，东南部的9公里处屹立着一座修道院，修道院是11世纪时西多会（Cistercians）为圣·安蒂莫尔建的，修道院的地下室也是当时建成的，但它的长方形会堂是12世纪建成的。

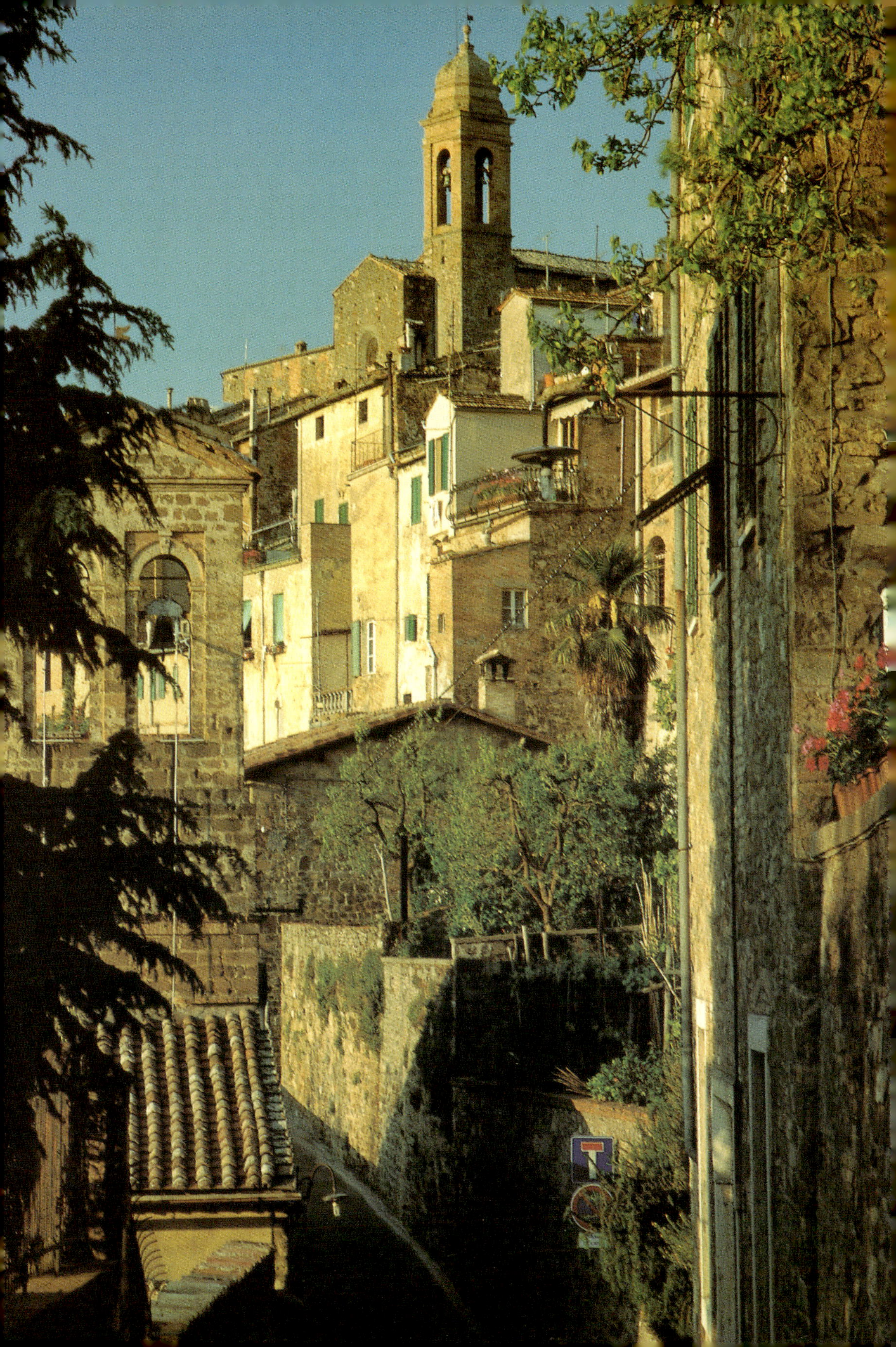

圣·安蒂莫尔修道院（本页图），坐落在蒙达奇诺的东南部，因为12世纪的雕饰精美的柱顶而闻名；小镇陡峭的街道也许会让来此的游客费点体力（P.143上图）；但是这里建筑艺术的丰富多样和精美让大家的劳累变得很有价值；这里有14世纪的大理石门廊和圣·阿古斯迪诺教堂的玫瑰花形窗户（P.143下图）

交通
从锡耶纳乘火车可到达。
风土人情及节日
每年7月及8月在圣阿提默修道院举行古典音乐会。而在夏季的时候还会举行两次赛马大会,这是当地最重要的民俗节日。
美食及推荐餐馆
Cucina di Edgardo, Taverna dei Barbi.
住宿
Albergo al Brunello.

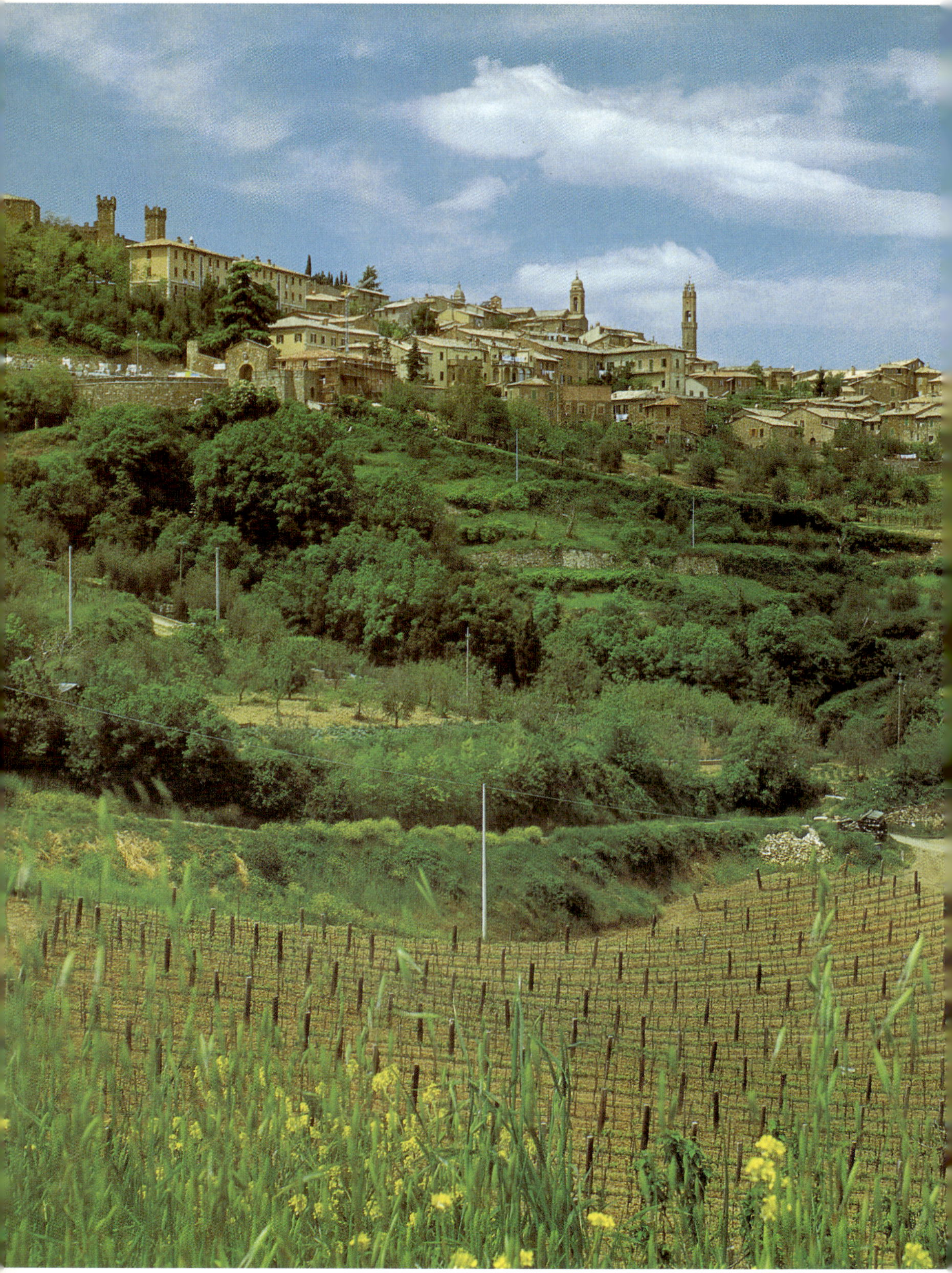

蒙达奇诺在山丘的这边欣欣向荣地发展着，周围的景色远远望去一片井然有序，令人心旷神怡

圣奎里科欧齐亚 San Quirico d'Orcia

俯瞰着欧齐亚和阿索河河谷，圣奎里科欧齐亚在二战中失去了一座中世纪的门，但庆幸的是，这里13世纪的围墙建筑和塔，还有非凡的多边形波尔塔卡普奇尼建筑都被保留了下来。普利兹阿纳路（Via Poliziana）从中世纪的大门一直通向1679年卡尔咯·风塔纳（Carlo Fontana）为卡迪纳尔·弗莱韦奥而建的外表坚固的基尼宫殿，以及12世纪和13世纪建成的罗马风格的学院教堂，教堂是为圣人奎里科和吉乌里塔（Giulita）而建的，位于这里17世纪建的一座教堂的遗址上。

教堂有三个恢宏的大门作装饰，最好的那座位于南侧。这座大门是乔瓦尼·皮萨诺的弟子，甚至有可能是乔瓦尼自己亲自设计的，门上刻有狮子，还有女像柱。这里的主通道是12世纪晚期的伦巴第风格最好的典范，上面饰有狮子和一些奇异的动物的头。南侧的十字形翼部处的通道能追溯到1298年。教堂里面精致的镶嵌装饰品是锡耶纳木器艺术家安东尼奥·巴莱里（Antonio Barelli）的作品。他的这些作品是1500年为锡耶纳教堂而做的。两年后，这些作品被引入了圣·奎里科。

乡村还有其他的教堂，其中包括11世纪的圣玛丽亚阿孙塔教堂，还有哥特式的饰有圣母像的圣弗朗西斯科教堂。圣玛丽亚阿孙塔教堂的对面是一个13世纪的德拉斯卡拉医院建筑，里面筑有凉亭和庭院。

乡村里有文艺复兴时期的普莱坨里奥宫殿，周围翼部建筑是中世纪的。圣奎里科欧齐亚最独特的是文艺复兴时期的奥尔塔里奥尼尼（Horta Leonini）花园；中心是柯西莫三世美第奇的雕塑，雕塑是从基尼宫殿移来的。花园是16世纪中期迪奥梅德·里奥尼围宫殿而建的，有盒状的篱笆和常见的深绿色的冬青树。

圣奎里科的石头建筑独特而不失有序：大小不一的石头紧密拼接筑成了这里13世纪的围墙（上图）；学院教堂的南门（右图），伦巴族狮子在门口守卫着

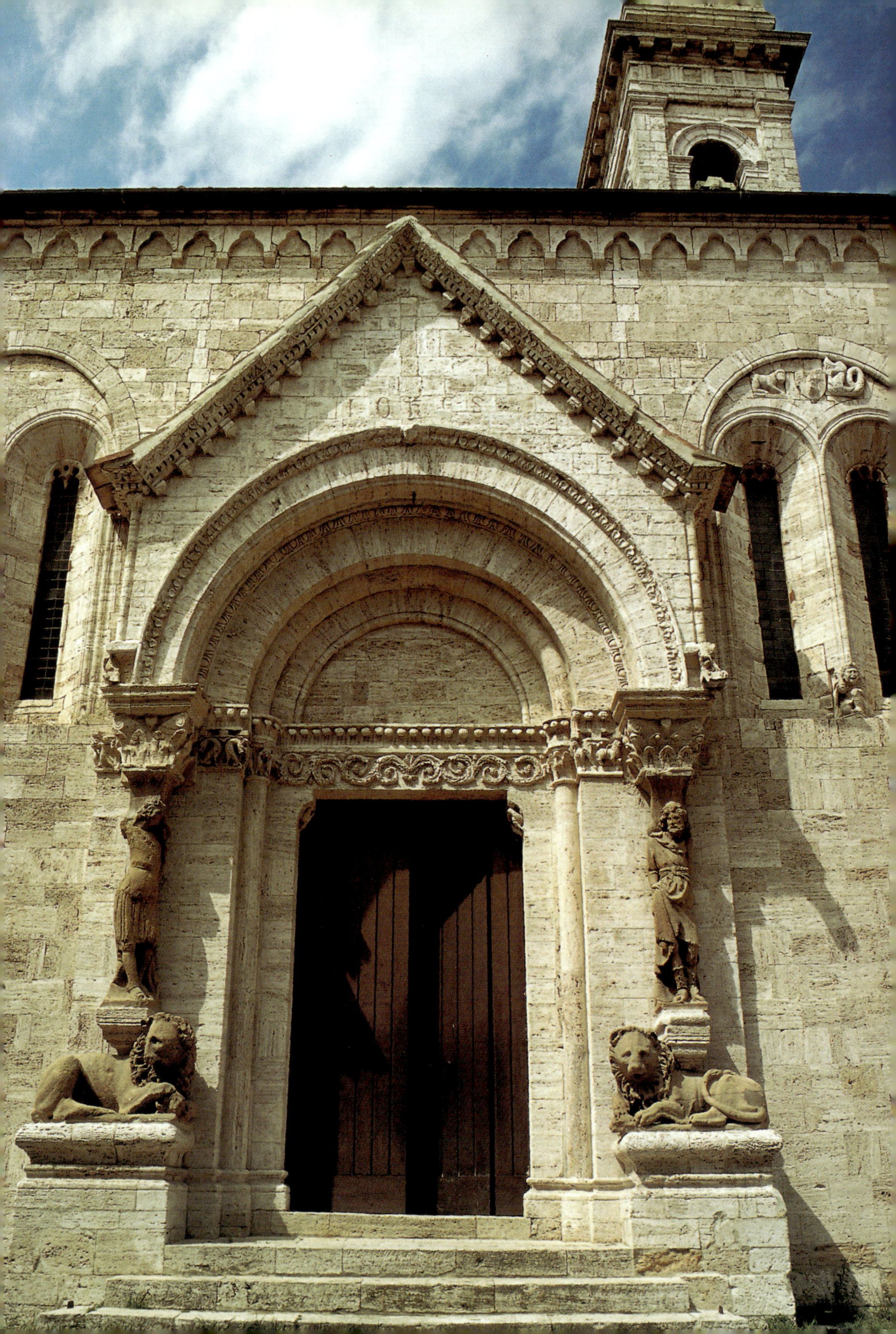

圣奎里科奇特的珍宝还包括这口位于基尼宫殿的井盖（下图）和戴尔弗诺街上的带有神奇色彩的拱门建筑（P.149 图）。

圣奎里科的美食和美景：上图是德拉里波尔塔露天广场的一个星期天的下午；这里可以通向奥尔塔里奥尼尼（Horta Leonini）花园，可以欣赏到柯西莫三世美第奇的雕塑（右图）。

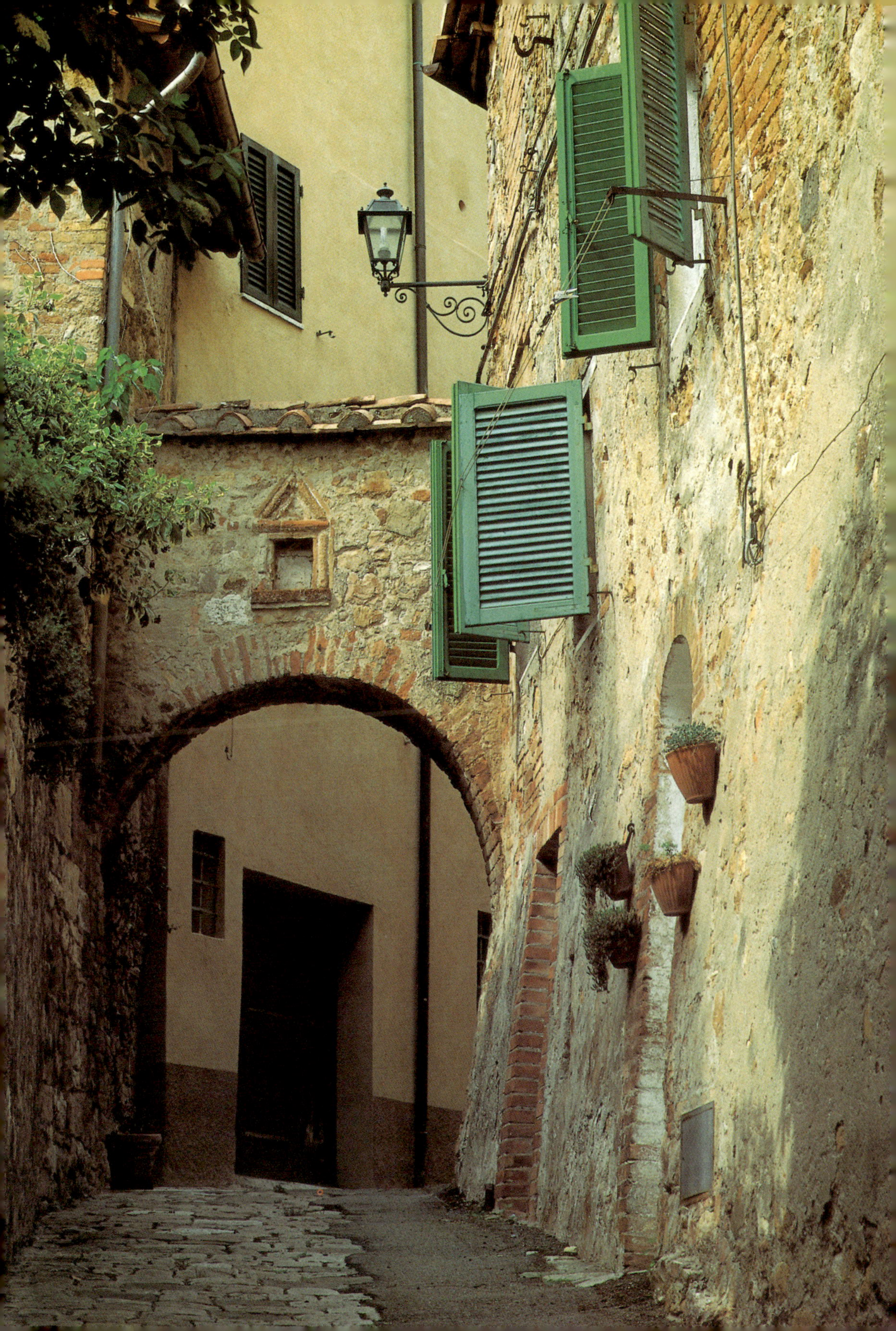

卡斯蒂戈隆德欧齐亚 Castiglione d'Orcia

卡斯蒂戈隆德欧齐亚是个充满斜坡和跳跃式景象的乡村；从城堡上看到的房顶将我们的眼睛慢慢地带到对面的景色（下图），这里的街道略倾斜，令人生畏，图中这位女士看上去走得有些费力（P.151图）

卡斯蒂戈隆德欧齐亚的房屋建筑看上去一半是石灰建筑，石头们好像是在呼喊着要与这些石灰融合在一起。这里的主广场是倾斜的建筑，十分漂亮，里面有个文艺复兴时期的喷泉，但在1618年用石灰华雕塑过。还是在这个漂亮的砖与鹅卵石铺地的广场上，政府的宫殿建筑里藏着锡耶纳的壁画作品，最好的一幅是《圣母与圣人》。

乡村里罗马风格的圣·玛丽亚·马达莱娜教堂的前墙雕刻是13世纪的作品。教堂的拱点当然就更久远了，还有带有两座钟的钟塔也是很久以前的建筑。圣·玛丽亚·马达莱娜教堂里还有利比·梅米弟子的作品《圣母像》。位于教堂半圆形拱点的14世纪的画——《圣母和耶稣》，被认为是彼得罗·洛伦泽蒂（Lorenzetti）的作品。

乡村里还有一座教堂，这座教堂是为圣人斯蒂芬和德格纳（Degna）而建，19世纪的一次重建使教堂变化很大，教堂的墙可以追溯到16世纪。这里曾经珍藏的艺术品[尤其是14世纪早期西蒙·马蒂尼的《圣母和孩子》，以及另一幅彼得罗·洛伦泽蒂（Lorenzetti）的作品《圣母和孩子》]现在都放在锡耶纳展览。这些艺术品都让我们想起卡斯蒂戈隆德欧齐亚是杰出的劳伦佐·迪·比特罗的出生地，他在15世纪时作为一名建筑艺术家以维吉耶塔二世（VecchiettaII）的笔名在这里雕刻、绘制各种作品。并且这里的广场就是以他的名字命名的，以此来纪念这位伟大的艺术家。这座教堂还向大家表明这一幅有耶稣婴儿时期与天使的《圣母像》是乡村最有名的画家画的。教堂里还有17世纪早期的法布里奇奥·博思基的十字架。

卡斯蒂戈隆德欧齐亚海拔540米，巍峨的堡垒建筑的遗迹是这里的主要建筑，堡垒的墙边柏树包围着。19世纪70年代中期时部分被重修过，城堡在夏天会招来许多游客，在城堡的最有利位置可以欣赏到欧齐亚河谷与阿米亚塔山的美丽景色，也是在这座城堡开始，景色骤然变成真正的托斯卡纳南部。

地理位置
位于托斯卡纳西北沿海地区，海拔540米。
交通
距离锡耶纳等大城市不远，可以乘坐火车或通过城际公路到达。
风土人情及节日
每年8月的第一个星期有品酒节，在品酒节期间，不仅可以品尝葡萄酒，还可以品尝到各种意大利的美食佳肴。圣马丁节则在每年11月1日举行，是展示台伯河谷地方特产的节日，可以品尝到当地盛产的蘑菇、肉制品、面食以及葡萄酒。
美食及推荐餐馆
Albergo Ristorante le Rocche.

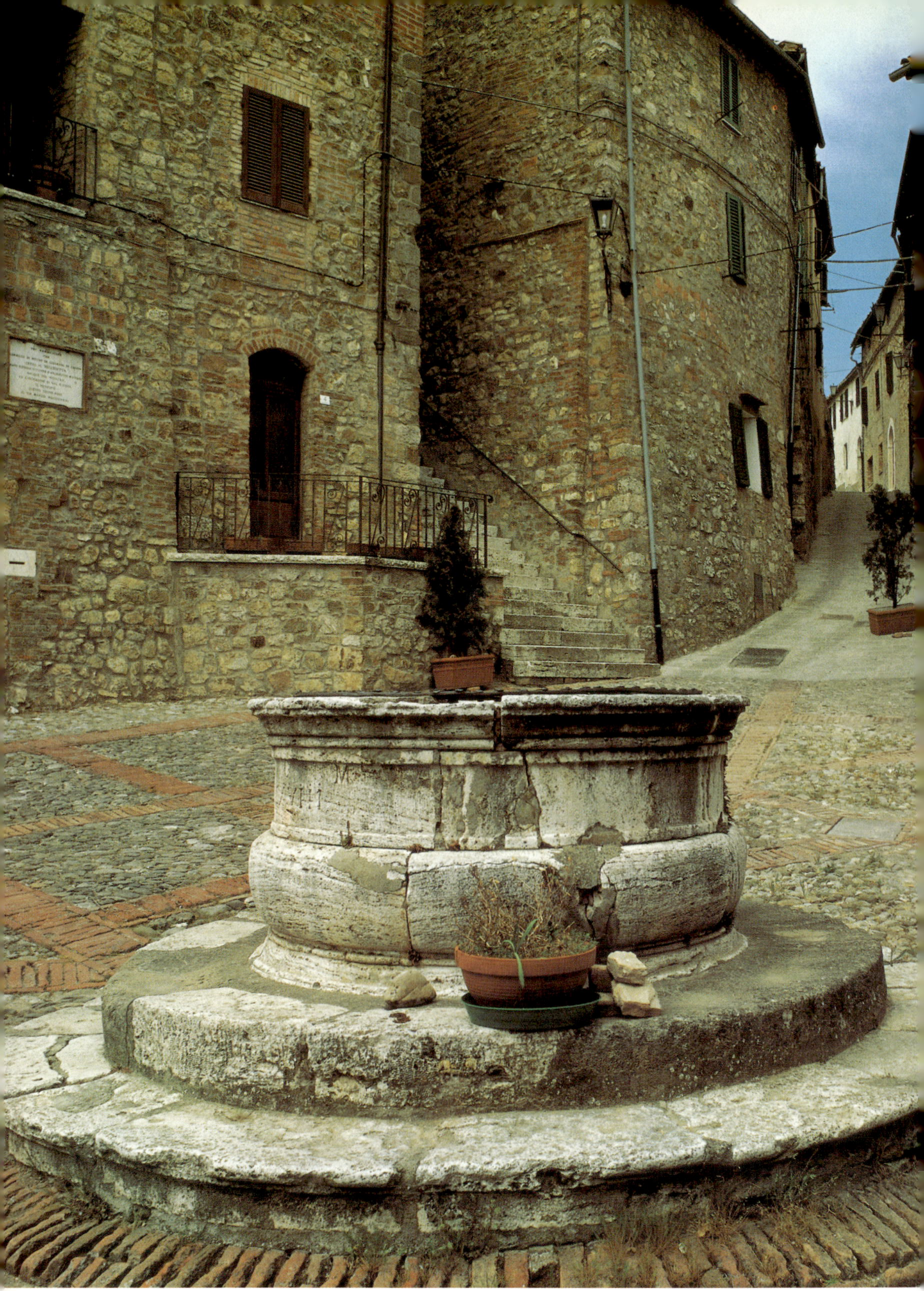

真正的托斯卡纳乡村特色是光影与石头建筑的交织形成的：表面粗糙没有装饰的房子和卡斯蒂戈隆的街道，只有木质的百叶窗和精美的小铁门给这里增添了点色彩（上图、左图）

卡斯蒂戈隆主要以高地为主：令人眩晕的陡峭街道（上右图）；从卡斯蒂戈隆城堡看到的坚固的德欧齐亚堡垒景象（上左图）；11世纪的圣布鲁奇奥教堂的遗址（右图）；广场上恢宏的喷泉（P.155图）给乡村起起伏伏、高低不平的街道景象增添了一丝平稳的感觉

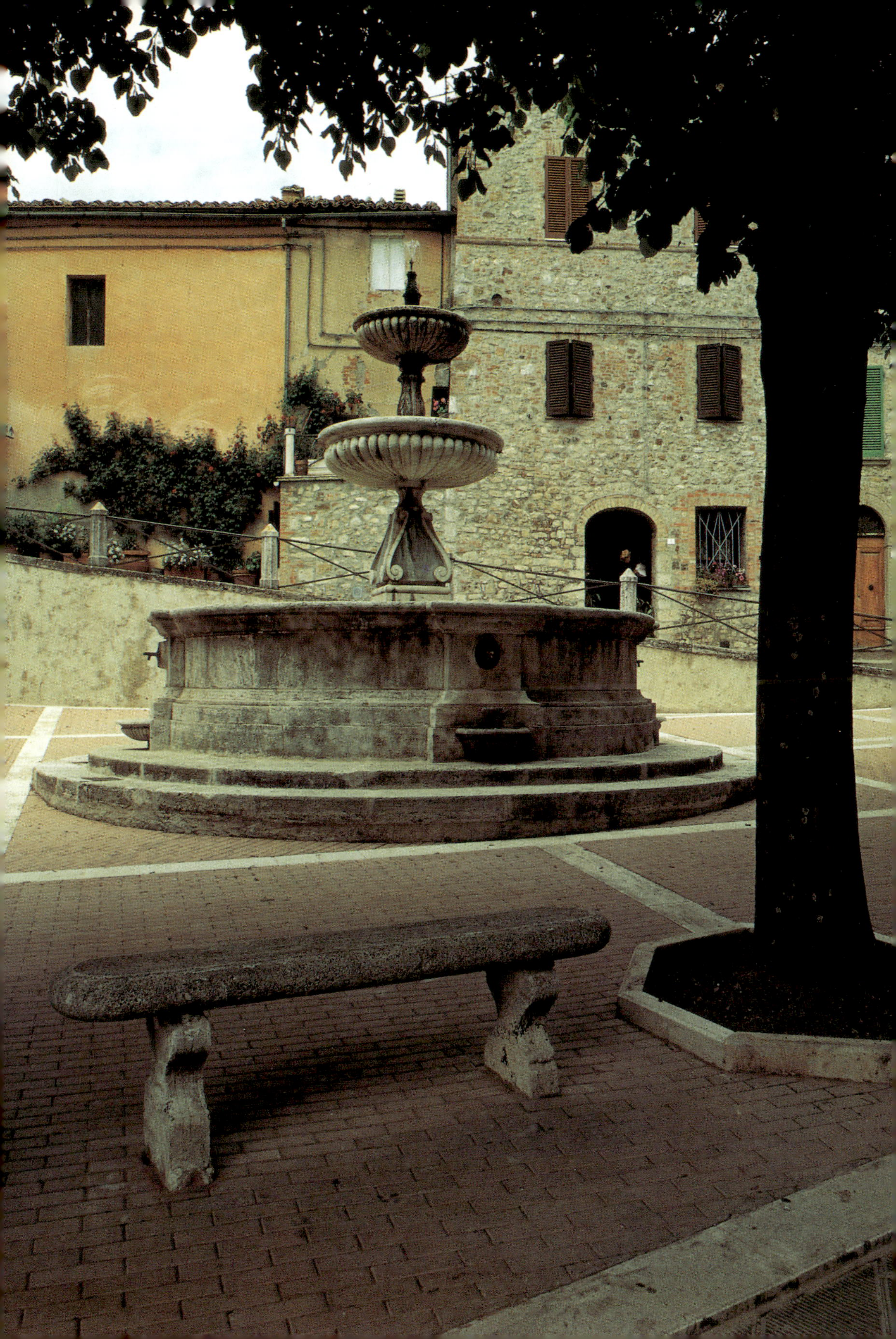

罗马风格的拱门构成的一幅托斯卡纳的马利亚诺全景图

The South
南部乡村

肯托纳 · 拉迪科法尼 · 索瓦纳
阿尔奇多索 · 阿巴迪亚圣萨尔瓦托雷 · 萨图尼亚 ·
皮蒂利亚诺 · 蒙特梅拉诺 · 托斯卡纳的马利亚诺
波普罗尼亚 · 安塞多尼亚

又一项证据表明了美第奇家族在这个地区的广泛影响：他们的兵器出现在阿尔奇多索的一座建筑的门上方

托斯卡纳的西南部，大体上与格罗塞托省相一致，它们的特色主要是通过迷人的近海沼泽地和阿米亚塔山和阿根塔里奥山体现出来。阿根塔里奥山实际上是个岛，通过很窄的一块地与大陆相连接，这块地正好穿过奥尔贝泰罗湖。这里的近海沼泽地因为频发的疟疾和大量的强盗和海盗，很长一段时期不利于游客观光，直到19世纪30年代才被系统地开发治理。现在，这里面对的是长长的海岸，海滩、岩石为游客提供了很好的游玩设施。

这个地区的某些部分现在是保护区，尤其是沼泽自然公园和布拉诺湖，现在成为野生动物保护区。沼泽自然公园，建于1975年，占地17000多公顷，从普林奇皮亚的一个低处一直延伸到塔拉莫内。公园里有枫树林、乳香黄连木、石楠树、冬青园、桃金娘和迷迭香，还有风吹堆积的沙丘。这里的野生动物种类也多得令人不可思议：野牛、野猫、野鸡、鼬鼠、兔子、狐狸、苍鹭和长颈的牛。在这里可以看到人类创造的奇迹，像旧石器时代的洞穴，里面有非凡的化石，还有圣拉巴诺本笃会修道院的遗迹，修道院建于公元前1000年，企图将蒙特乌塞里纳化为殖民地，但失败了。这里的民俗传统很难消亡，因为有一些非常具有实际应用价值，例如骑马的牧人能够跟着他们的牧群进入本来不能通行的地区。

公园里有纵横的小水沟，再往东去，林地变得浓密，甚至在阿米亚塔山的冬天可以有15千米的滑雪坡的山坡上，树林更浓密。阿米亚塔山也有一个野生动物园，保护亚平宁的狼、狐狸、秃鹰、夜鹰、鹿、鼬鼠等。托斯卡纳这个地区的轮廓意味着这里的很多美丽的乡村都因坐落在山顶而更加迷人。萨尔提阿诺和肯托纳（Cetona）是东北部的两座位于山上的乡村，山体低矮的山坡处生长着金雀花、橄榄树、常青橡树，还有其他很多繁茂的植物。

这个地区有一个能追溯到伊特鲁斯坎时期的

文化遗产。索瓦纳和安塞多尼亚是这里最美的地区，有很多遗迹。再往北是提伦尼亚海的整个海滨地区，现在被称为是伊特鲁斯坎海滨，位于巴拉迪海湾的波普罗尼亚有一个伊特鲁斯坎的大墓地。对于罗马人来说，他们享受着热水浴，他们在托斯卡纳的这个地区的遗产包括在萨图尼亚的一些遗迹，它们在这座古镇的外面非常显眼。

接下来的年代也留下了丰富的遗产，大部分遗产也都在这个地区最美乡村里。就在托斯卡纳的马利亚诺的外面就有罗马风格的安农恰塔教堂，后来被锡耶纳人装饰过，他们也在乡村的周围修建了防御墙。墙的内部是一个哥特式的倍欧利宫殿。托斯卡纳的其他一些城市也让它们最好的建筑师来到这里，所以在皮蒂利亚诺我们可以看到佛罗伦萨的艺术家茱莉亚诺·圣加洛在1500年设计修饰的一座文艺复兴风格的宫殿。

托斯卡纳南部这些美丽的乡村也具有超乎想象的战略重要性。卡西亚（Cassia）街和将游客从北欧带到罗马的罗马路（Roman Road）都穿过这个地区，它们与一条中世纪的弗兰西格纳路并行，这条弗兰西格纳路在中世纪和以后的年代里都是为朝圣者们所用。994年，坎特伯雷大主教西格里克也延续这条路的使用，他认为这条路非常迷人，可以让大家对路途中的风景有很深的印象：穿过位于圣波尔纳德的阿尔卑斯山，穿过帕拉马，还有亚平宁山脉，向南通往锡耶纳的路上还经过佛罗伦萨，然后继续向前通往阿米亚塔山。

托斯卡纳南部的文化遗产很丰富：中世纪时期古西托亚居民区的墙（上图）；德拉塔格利亚塔（左下图）俯瞰着位于安塞多尼亚的海，还有在托斯卡纳形成时期的浦西尼居民建筑

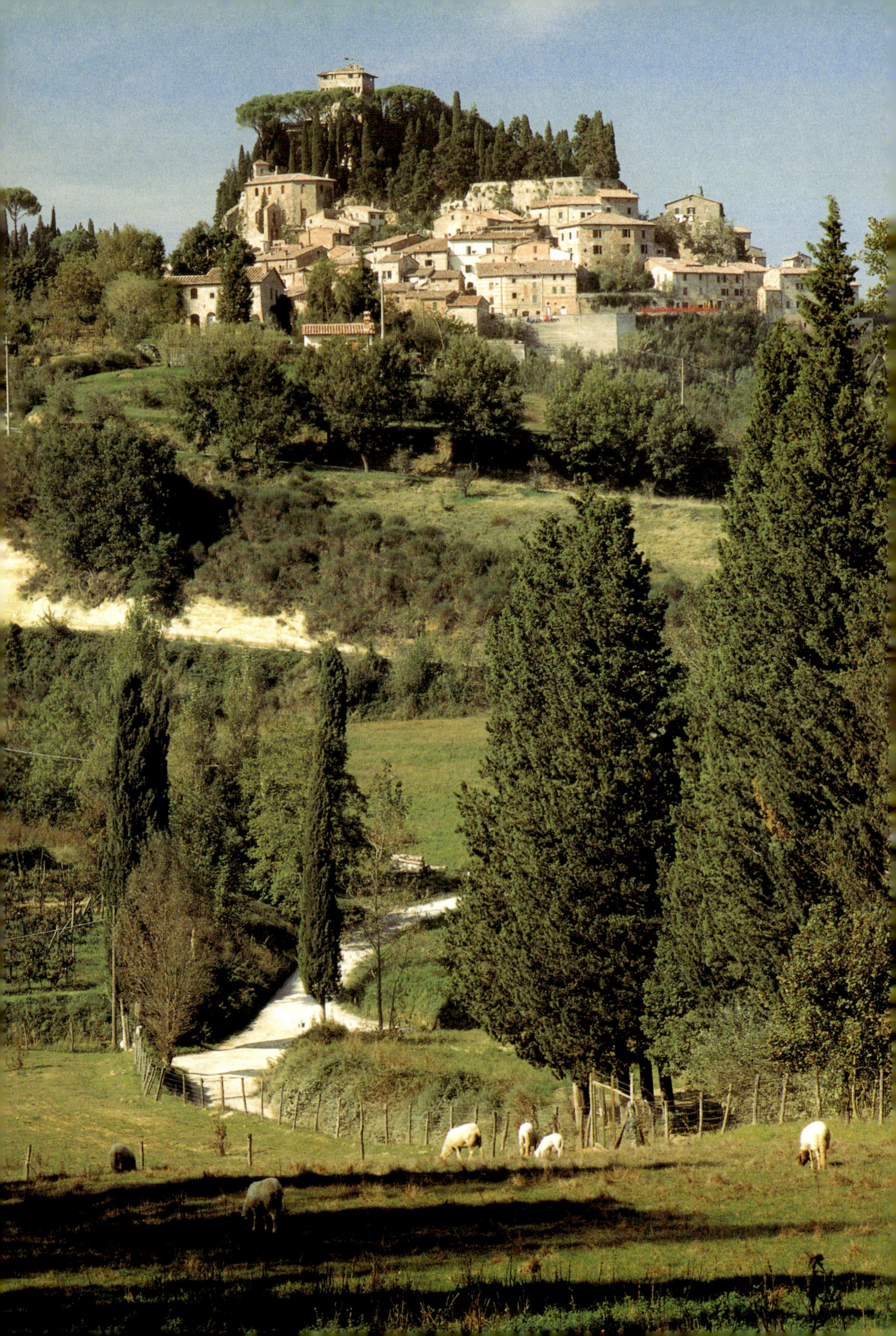

肯托纳
Cetona

肯托纳的房屋建筑是圆锥形的，看上去好像是彼此房顶压着房顶。乡村建在1147米高山的三分之一高处，城堡屹立在乡村的最高处。自从旧石器时代这里就有人居住，枫树和柏树为这里的建筑带来一片阴凉。史前居民区在贝尔沃迪比安凯托地区的考古自然公园对外开放。石灰石被挖成了许多的窑洞，很多窑洞曾经有人居住过，一些洞穴（圣弗朗西斯的格洛特、博格特、按特罗德拉）还可以参观。

曾经保护着乡村的双环墙还依稀可见。加巴尔迪广场建于16世纪，高高的教堂建筑俯瞰着它，在广场的尽头处是德尔立威利诺塔，以前是乡村的外围防御工事。最漂亮的教堂是圣安格鲁教堂，里面的12世纪《圣母和孩子》的木质雕塑非常有名。

罗马路可以通向一座13世纪的学院教堂，这座教堂非常值得一看，里面有13世纪的拼特尔里奇奥（Pinturrichio）画的《圣母报喜》。喜欢观赏这种建筑艺术的人还会看到圣弗朗西斯科的女修道院，就在乡村的2千米外的地方，修道院的祭坛上是15世纪萨诺迪比特罗的圣母像，还有16世纪早期的吉罗拉模·迪·本韦努托的《圣母和孩子》。乡村南部的2千米处是圣玛丽亚的隐居修道院，是1367年一位贵族建的，里面藏有14世纪的科拉·比特卢奇奥利作的上好的壁画。

从乡村南部看到的景象（左图）：乡村沿山坡而建，枫树和柏树在这里生长得很繁茂，街道上有各种小巧而精细的装饰品，像位于佛龙托内街的这个布满花的阳台（下图）

肯托纳安静的街道之景：圣多梅尼科街（上图）与德拉福特扎街（P.163图）上万紫千红的景象；吉列尔莫街上晒洗的衣物（下左图）；阳光灿烂的德劳拉街上一只正在冥思的猫（下右图）

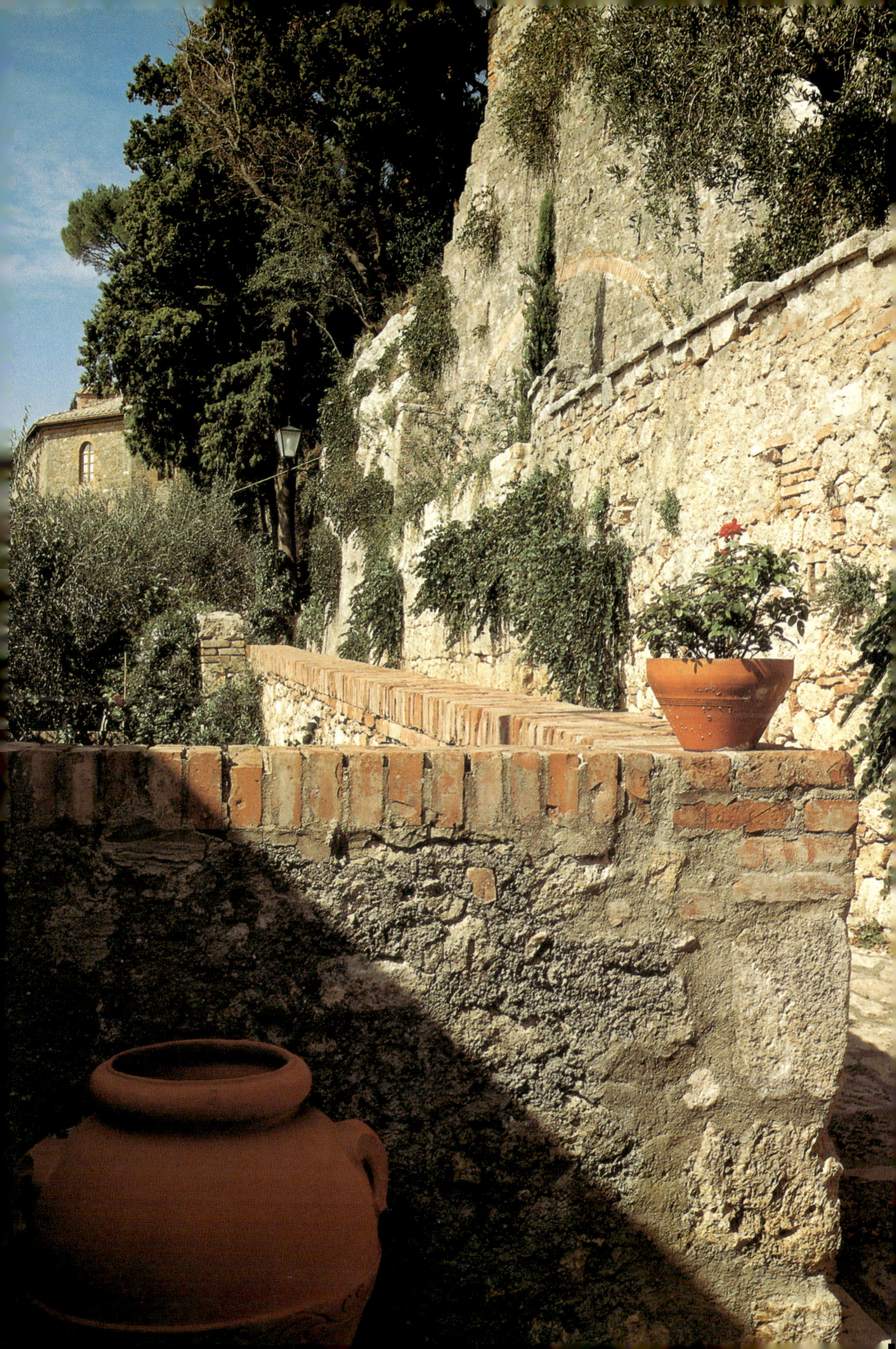

这片土地在肯托纳外围沿坡向下，形成了风景如画的田园景色，一位孤独的画家注视着这里的一切

地理位置
位于意大利托斯卡纳大区南部地区，靠近温布里亚大区西部边界。

交通
从佛罗伦萨走 S69 公路到阿雷佐后转 S323 公路可到达。从锡耶纳走 S73 公路再转 S323 公路可到达。

风土人情及节日
Carnevale Cetonese 节，在每年的 9 月举行。

美食及推荐餐馆
Botega delle piazze.

住宿
Belvedere 这家客栈是座中古时期的村寨，有装修典雅的小客房。

拉迪科法尼 *Radicofani*

查尔斯·狄更斯曾经在拉迪科法尼的一家酒馆住过，他评价酒馆为"古灵精怪"。在这位英国小说家来这里旅行之前，这里曾被奇诺地塔科（Ghino di Tacco）强盗统治着，就是这些强盗将克鲁尼的修道士监禁在一座城堡里，城堡是1154年为英国教皇哈德良四世所建，建在以前的一座玄武岩火山上，山海拔766米，将欧齐亚河谷与帕格里亚河谷分开。

与以前相比，这里如今的景象更优雅，住房条件也更好。这里中世纪的胡同又窄又暗，外面的台阶也很古朴，用灰色的玄武岩筑成的房子也都快崩塌了。哈德良教皇的城堡现在也是有部分被毁坏。15世纪中期时这座城堡被一位雇佣兵占领，后来锡耶纳人将它买过来并重新修建。一个世纪以后，美第奇家族又得到了城堡并将其扩建。但是，18世纪时城堡在一次爆炸中被毁掉了。现在，城堡的部分被整修了，站在它的城墙上可以欣赏到周围乡村的全景。

卡西亚街上的这座文艺复兴晚期的喷泉是1603年伯爵费迪南多一世出资修建的。喷泉上的雕刻描绘的是公平正义、丰收富裕和美第奇的盾形纹章。喷泉位于拉普斯塔宫殿的前面，宫殿是一座文艺复兴风格的宅邸，托斯卡纳的美第奇大伯爵曾将这里用作海关局，来征收去锡耶纳、佛罗伦萨以及罗马的游客的关税。这座关税局建筑是1584年西蒙·真加和博纳多·布翁塔伦蒂设计修建的，后来又被改造成小酒馆，狄更斯曾在这里住过，他说这里很恐怖，并描写道："这里蜿蜒曲折、到处嘎吱作响、喧嚣嘈杂、门敞开着，台阶上的脚步声和箱体滚落的声音让我觉得这是我所见过的最恐怖、怪异的地方了。"

拉迪科法尼广场上最主要的是13世纪罗马风格的圣彼得罗教堂，教堂里面有三个通道，藏有很多的艺术珍品，德拉·罗比亚家族的作品也在这里可以找到。另一座恢宏的教堂建筑是在罗马路上的哥特式的圣阿加塔教堂，它是为慈善家圣·拉迪科法尼而建的，里面还藏有德拉家族的艺术品。

上图是拉迪科法尼坚固的城墙和房屋建筑，旁边就是高耸的圣彼得罗教堂的钟楼；与其他乡村一样，美第奇家族在这里的影响也很大，右图的卡西亚街上的喷泉上刻的盾形纹章就体现了这一点。

FERDINANDVS·MEDICEVS·
MAG·DVX·HETRVRIE·III
VIATORV·COMODITATI
A·S·CIƆIƆCIII

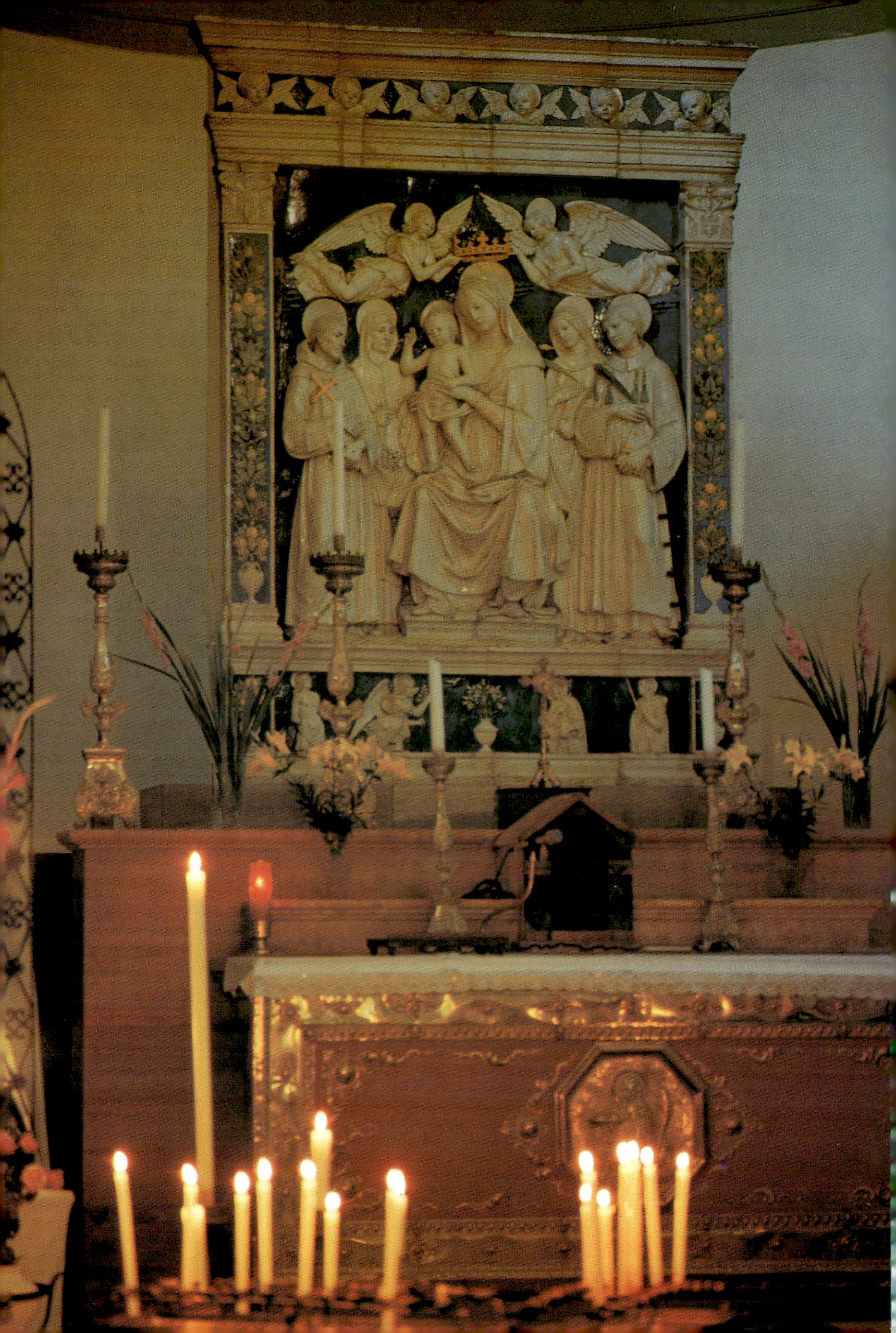

拉迪科法尼的圣彼得罗教堂（上图）祭坛上饰有一幅安德里亚·德拉·罗比亚的作品（左图），展示了圣母和她的婴儿及圣人们。拉普斯塔官殿的美第奇马厩里还可以找到一些传统的雕饰：马图浮雕（下左图）、马栓（下右图）

经典的托斯卡纳乡村景色（右图）：拉迪科法尼的山顶上是圣彼得罗教堂的塔，在后面的背景处依稀可以看见的是阿米亚塔山之景

地理位置
位于意大利托斯卡纳大区南部地区,靠近温布里亚大区西部边界。

交通
从佛罗伦萨走 S69 公路到阿雷佐后转 S323 公路可到达。从锡耶纳走 S73 公路再转 S323 公路和 S74 公路可到达。

美食及推荐餐馆
在这里可以品尝一下当地有特色的海鲜菜,以及一些沙丁鱼烩现制面食等,餐馆自选白酒值得一品。简单的托斯卡纳菜式也可随便品尝。

住宿
Albergo Eni, Albergo La Torre.

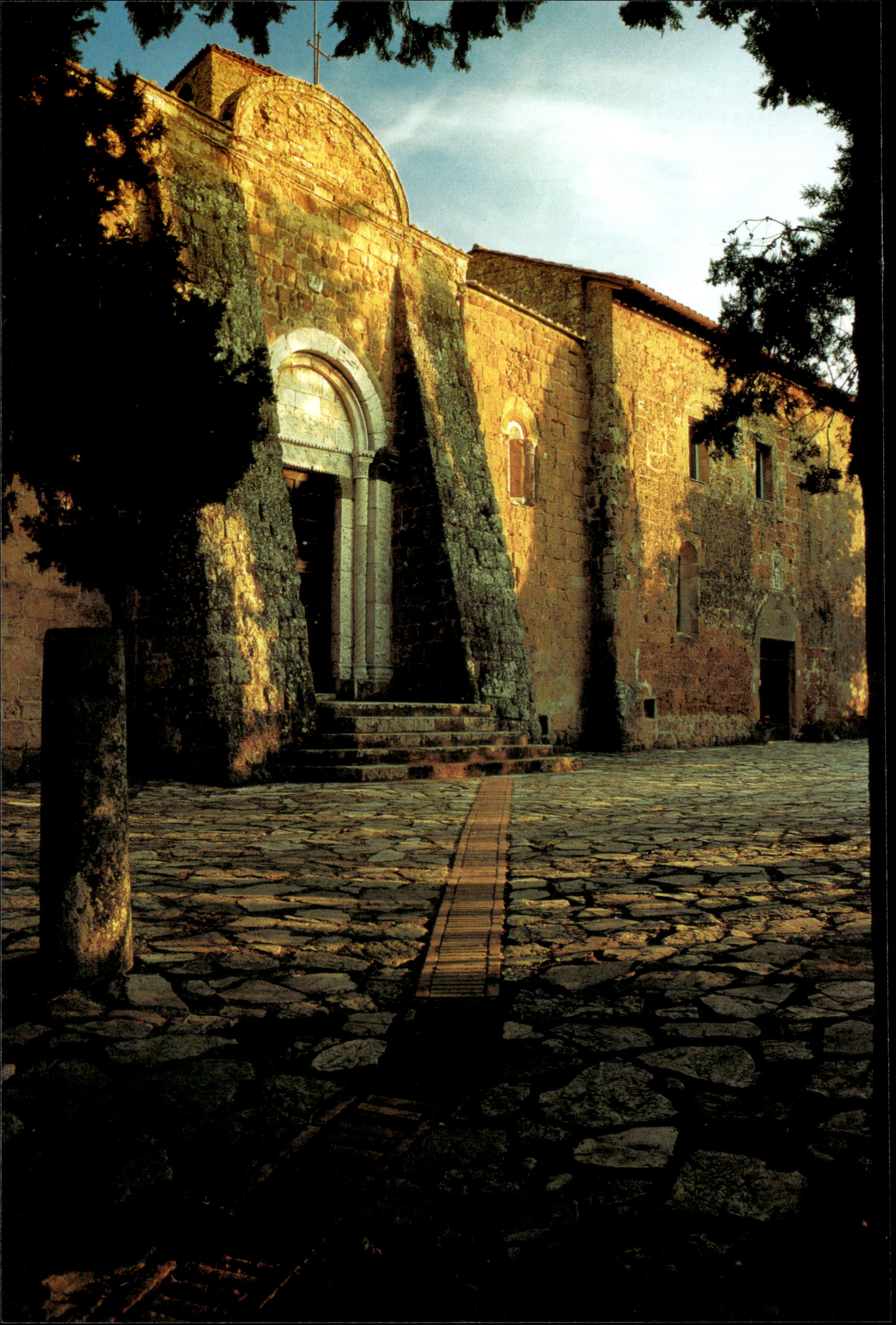

索瓦纳 Sovana

索瓦纳的大教堂（左图），为圣人彼得和保罗而建，是一座坚固的罗马风格建筑。教堂的门口建筑因奇特的、相互交织的雕饰而闻名，被人们认为是文艺复兴前的石头作品拼在一起形成的。另一个奇特的是拱门外石头上的一座人体浮雕。

索瓦纳乡村古老的赭色房屋建筑在一个高原上，一部分已经被废弃，但仍保留着中世纪城堡的遗迹。城堡是培养了改革家——教皇格雷格力七世的家族建的，教皇格雷格力七世1073年在这里出生。乡村曾经是基督教大主教的居住地，也是伦巴第族人的防御要塞。后来因为疟疾，它衰落了，只保留下来它的中世纪的样态。疟疾后幸存下来的人们必须到附近的皮蒂利亚诺躲避起来，所以1660年皮蒂利亚诺就统治了索瓦纳的主教辖区。

美丽的戴尔普莱坨里奥露天广场上有一座建于12世纪的罗马式风格的教堂，即圣玛丽教堂；另外还有一些中世纪的宫殿建筑。13世纪建成200年后又重建的普莱坨里奥(Pretirio)宫殿和文艺复兴晚期16世纪修建的波蒂戴尔蒙特宫殿是乡村众多建筑中最重要的两处建筑。

圣玛丽亚教堂的祭坛上的圣礼容器是8世纪的，也是托斯卡纳最重要的文物之一。广场上装饰简单的德尔阿奇维奥宫殿也不能忽视，它于12世纪建成，还饰有一座美丽但不炫耀的钟楼。

广场的街上是成排的中世纪的房屋建筑，德尔杜莫街上还有一间房子是教皇格雷格力七世出生地。有点奇怪的是这里最重要的教堂建筑——圣彼得和保罗教堂，竟建在乡村的尽头处，周围树木繁茂，景色迷人。教堂在9世纪到14世纪末之间被重修过好多次。尽管教堂的拱顶是哥特式的，但整个建筑还是罗马风格建筑的经典之作。

在离乡村1.5千米的远处是一片更加庄严的景象——公元前4世纪的伊特鲁斯坦墓地，那里的坟墓都是用岩石刻成的。

173

地理位置

位于意大利托斯卡纳大区南部地区，靠近温布里亚大区西部边界，海拔260米。

美食及推荐餐馆

在这里可以品尝一下当地有特色的海鲜菜，可在户外用餐，欣赏壮丽山野，食物尤佳，比如橘子酱汁口味的食物。La Tavernetta 供应传统的托斯卡纳菜式。

住宿

Taverna Etrusca.

索瓦纳每一处细节都能证明它是古老文明和人们的信仰中心：比如圣玛丽教堂的祭坛上面盖着8世纪的大理石华盖；普莱坨里奥（Pretirio）露天广场里的伊特鲁斯坎酒馆（P.175上图、左下图），都表明了这里曾被伊特鲁斯坎人统治的历史，乡村周边的墓室建筑更直接地表明了这里的伊特鲁斯坎历史（P.175右下图）

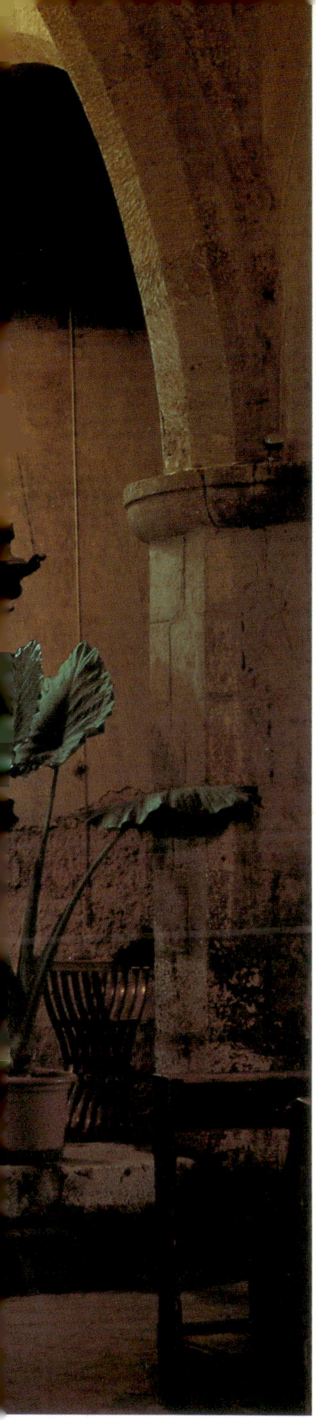

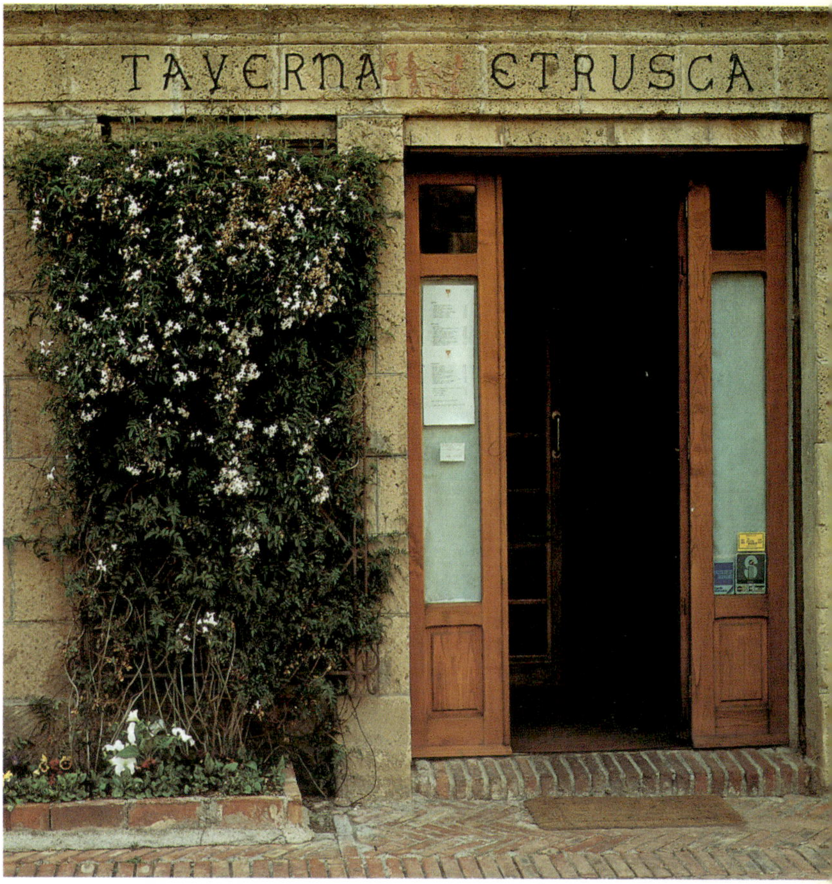
TAVERNA ETRUSCA

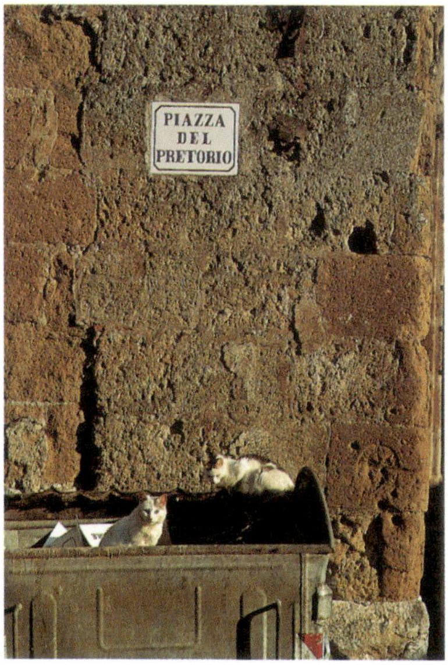
PIAZZA
DEL
PRETORIO

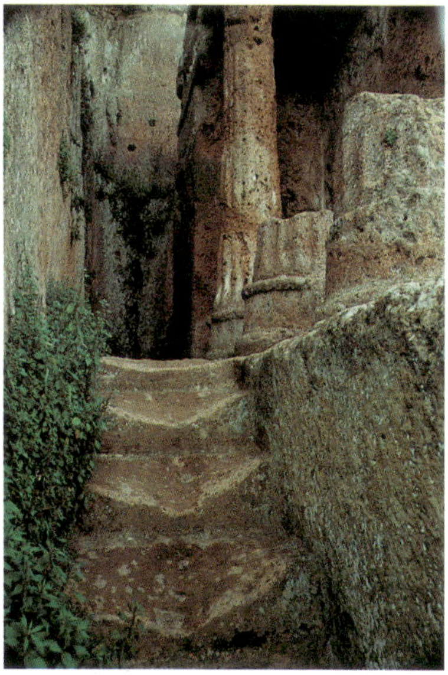

阿尔奇多索
Arcidosso

阿尔奇多索坐落在阿米亚塔山的西侧山坡,有拉布罗山在西边保护着。这里不仅有非常迷人的栗树林,还有阿德布兰德斯卡(Aldobrandesca)城堡的遗迹,该城堡是15世纪时阿德布兰德斯奇(Aldobrandeschi)家族修建的一处防御建筑。乡村外面是两座不错的教堂建筑,即在通往蒙特莱特龙(Montelaterone)的路上屹立着罗马风格的圣玛丽亚和拉姆拉教堂,教堂上有精致的字母雕刻,在建筑的西南侧的一个喷泉旁边是伊克洛纳塔圣母像。里面还有锡耶纳的艺术品,包括塔代奥·迪·巴托洛家族的壁画作品,这是曾在1332年成功夺得了阿尔奇多索的人在这里留下的遗产。尽管伊克洛纳塔圣母像是文艺复兴风格的,并在15世纪时被重修,它还是为那些在1348年的黑死病中幸存下来的人感谢圣主而建的。

  阿尔奇多索有很多拱门建筑、通道走廊和广场,老房子沿陡峭的街道或是斜坡而建,其中有一个斜坡就通向一座阴森的中世纪古门建筑,这座古门曾保护着乡村的这一块区域。美第奇家族的盾形纹章给古门增添了一份优雅,这些纹章都是用石头凿制出来的,是1559年阿尔奇多索成为佛罗伦萨的一个封地之后被添上去的。从古老的小径也可以通向另一处同样恢宏庄严的教堂建筑,所以经过哥特式的德尔欧尤罗格门可以看见12世纪的圣里奥纳多教堂,1300年教堂被重建,现在我们看到的是16世纪时整修过的样子。过了塔拉斯门(Talassess)是小圣安德里亚教堂,1118年的历史记录中出现过它的名字。

阿米亚塔山坡上树木繁茂,乡村就坐落在这里浓密的栗树林中间。阿尔奇多索堪称是托斯卡纳乡村景象的精华,高耸的堡垒塔也告诉我们这里并不一直是表面上看到的那样平静

地理位置
位于意大利托斯卡纳大区南部地区，海拔240米。
交通
从锡耶纳走S73公路再转S322公路可到达。
最佳旅行时间
四季均宜，旺季在夏季。
美食及推荐餐馆
在这里可以品尝一下当地供应的传统托斯卡纳菜式，有多种乳酪蔬菜类和肉类美食。
住宿
Taverna Etrusca.

阿尔奇多索有很多精美的建筑和用于装饰的珍藏：恢宏的阿德布兰德斯卡城堡（上左图、上右图、P.179图）是这个乡村以及周围村庄里最重要的建筑，还有不具有防御特点的位于麦多纳德尔修道院旁边的带有怪兽状滴水管的水池（右图）、修道院的刻有雕饰的讲道坛（P.180图）、带有精美阳台的历经风雨的古房屋（P.181图）

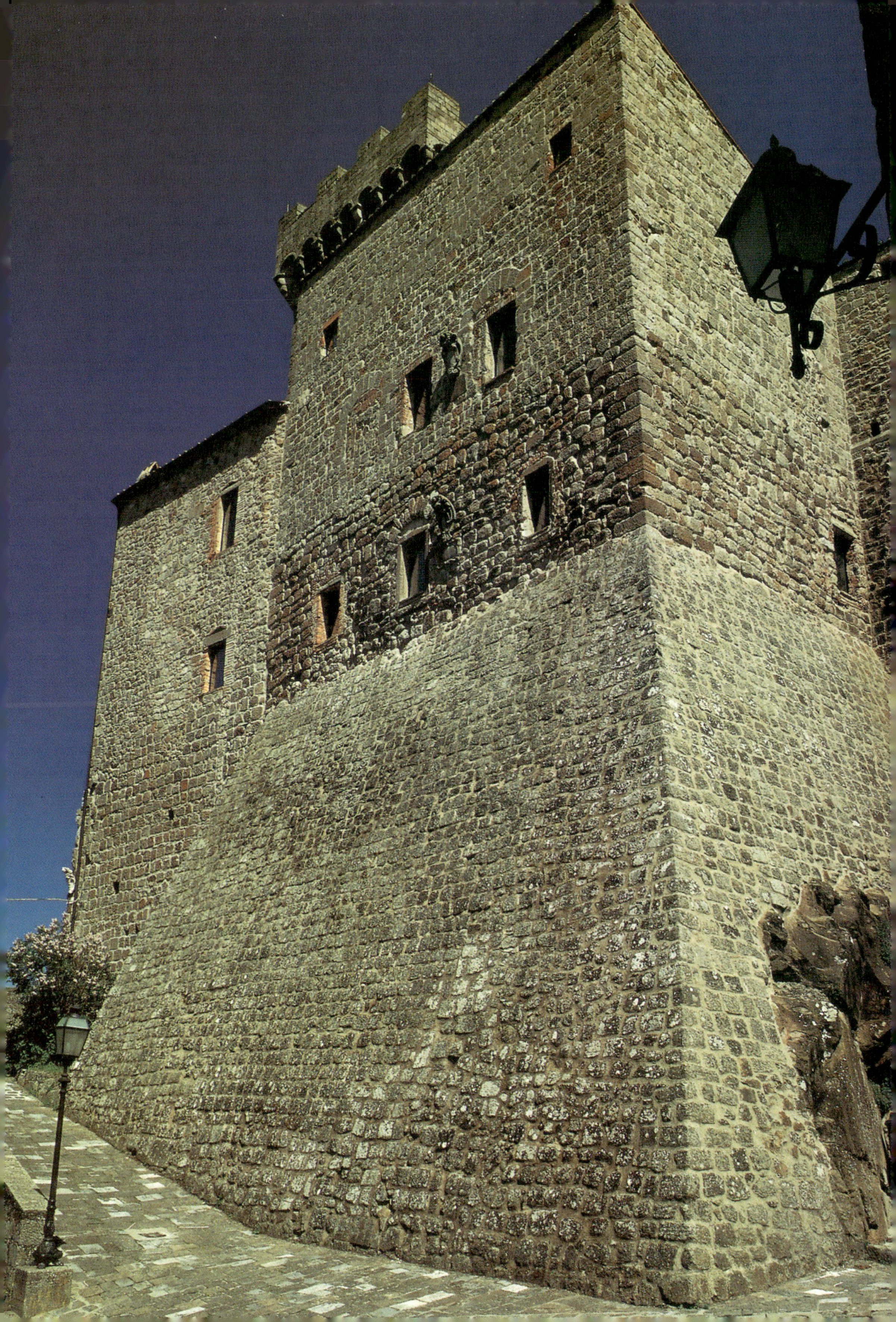

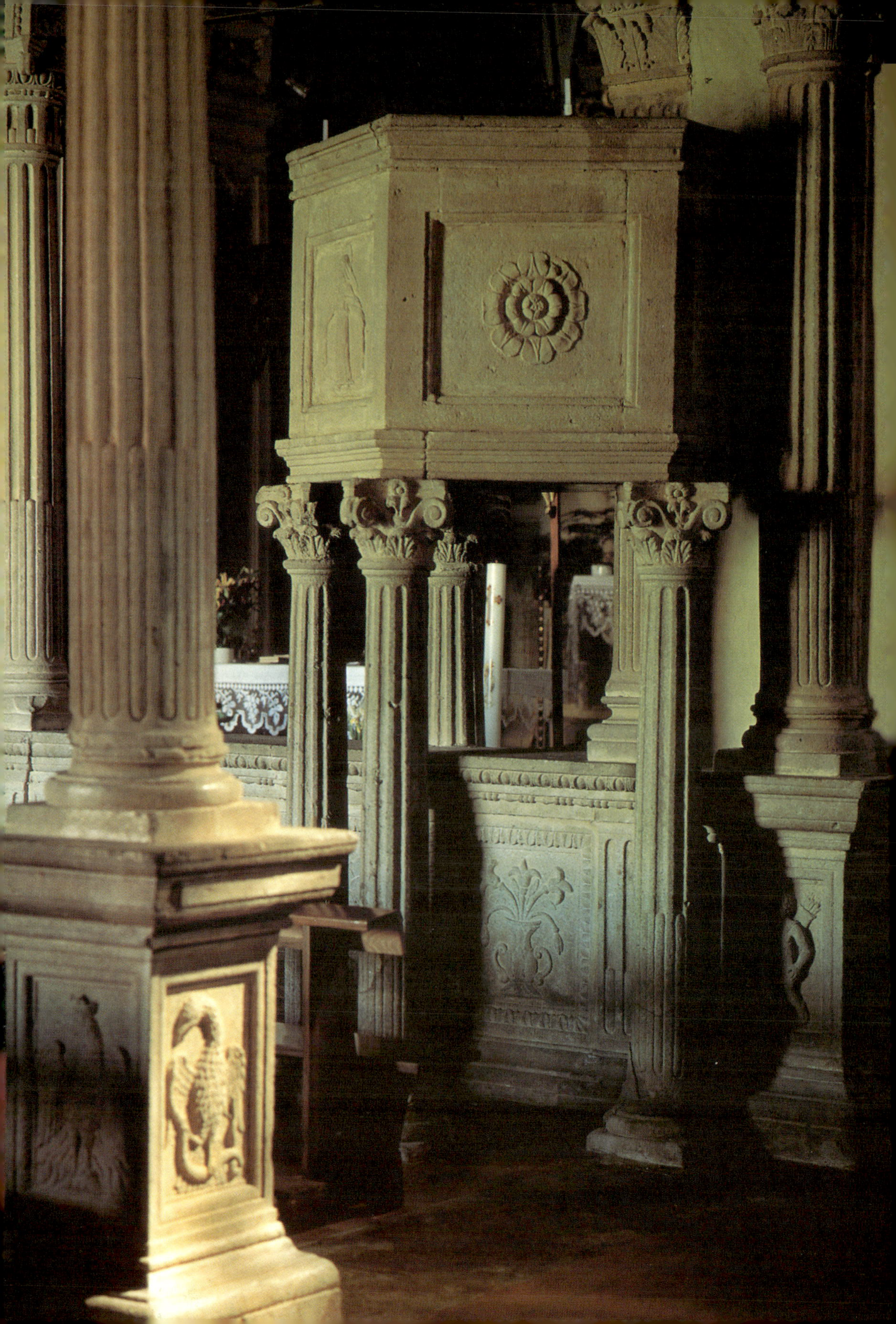

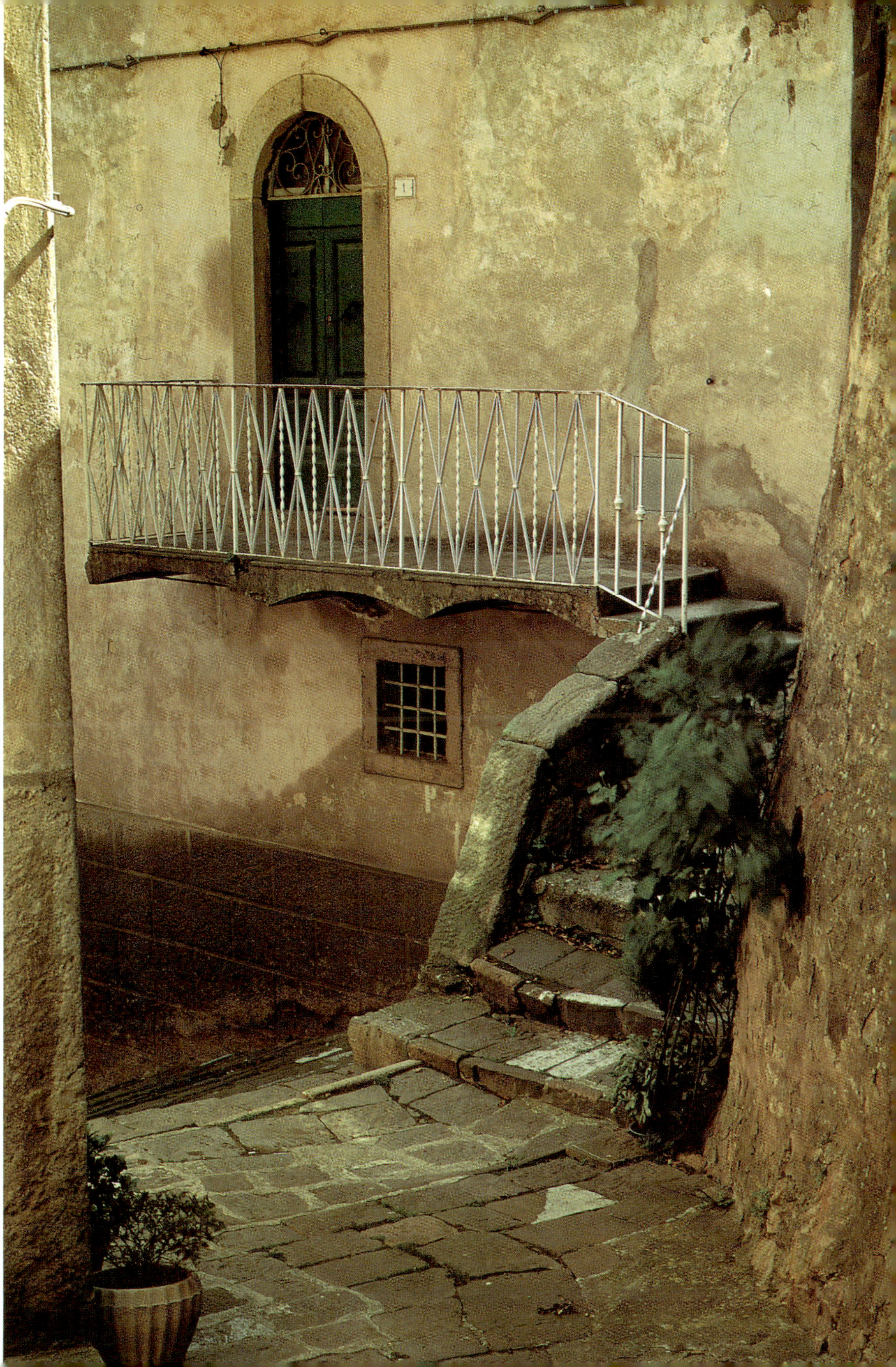

阿巴迪亚
圣萨尔瓦托雷
Abbadia San Salvatore

阿巴迪亚圣萨尔瓦托雷现在被人们称为是"冬季的运动中心",但在中世纪时,这里的财富都是来源于托斯卡纳最富有的修道院,这座修道院为从北欧前往罗马去朝拜的朝圣者们提供食宿服务。

修道院是743年罗姆巴德国王修建的,11世纪时在经济和影响力上都达到鼎盛时期。阿波特·维尼佐命令建筑师将修道院重新修建,使其更加华丽,并于1035年用作供神建筑。除了完好地保留了里面的壁画,接下来的一些重修或是整修都让它重归到它的罗马风格(拱点在1287年的地震中被毁)。修道院上的两座塔,一座一直都没完工,另一座则被设了炮门,被当做钟塔用。修道院里面拱形的木头房顶下面是一些宗教艺术珍品:12世纪末的木质十字架挂在右手边的墙上,还有1694年弗朗西斯科·纳斯尼画的圣巴瑟罗缪受难图壁画作品,纳斯尼还与他的哥哥安东尼奥·安尼贝尔为唱诗室里作了壁画,唱诗室就在地下室的上面,有台阶可以到达,8世纪的地下室建筑非常独特,36个细长的柱子将地下室分割成3个大殿,柱子有的有雕饰品,每一个都不一样,并且都刻着字母。

教堂旁边的建筑也包括一个6世纪的修道院和一个宝库,宝库里藏有8世纪的旗袍和爱尔兰僧侣带来的圣物箱。在修道院周围兴盛起许多的乡村,如今,修道院的墙和四个大门仍然保护着这里的历史中心——卡斯特里纳。卡斯特里纳的南部是筑有城墙的卡斯特罗。15世纪的政府宫殿挨着圣克洛斯教堂(Santa Croce)而建,圣克洛斯教堂建于13世纪,16世纪上半叶被扩建。另一处精美的建筑是圣玛丽亚教堂,前墙是文艺复兴时期的,但圣里奥纳多是哥特式的。这座具有中世纪和文艺复兴风格的乡村保存完好,建筑都是用深灰色的石头建成的。

阿巴迪亚的街道鹅卵石铺地,坐落在巍峨的阿米亚塔山下

交通
从附近的大城市出发乘坐公共汽车或自驾车通过城际高速公路即可到达。

风土人情及节日
每年圣诞前夜,这里都会举行盛大的火把节,不仅举着火把沿街游行,还有赛马、游戏和音乐等节目。

美食及推荐餐馆
山区以盛产蘑菇闻名,而山区湖泊中出产的鱼类也十分鲜嫩。

住宿
Albergo Adriana.

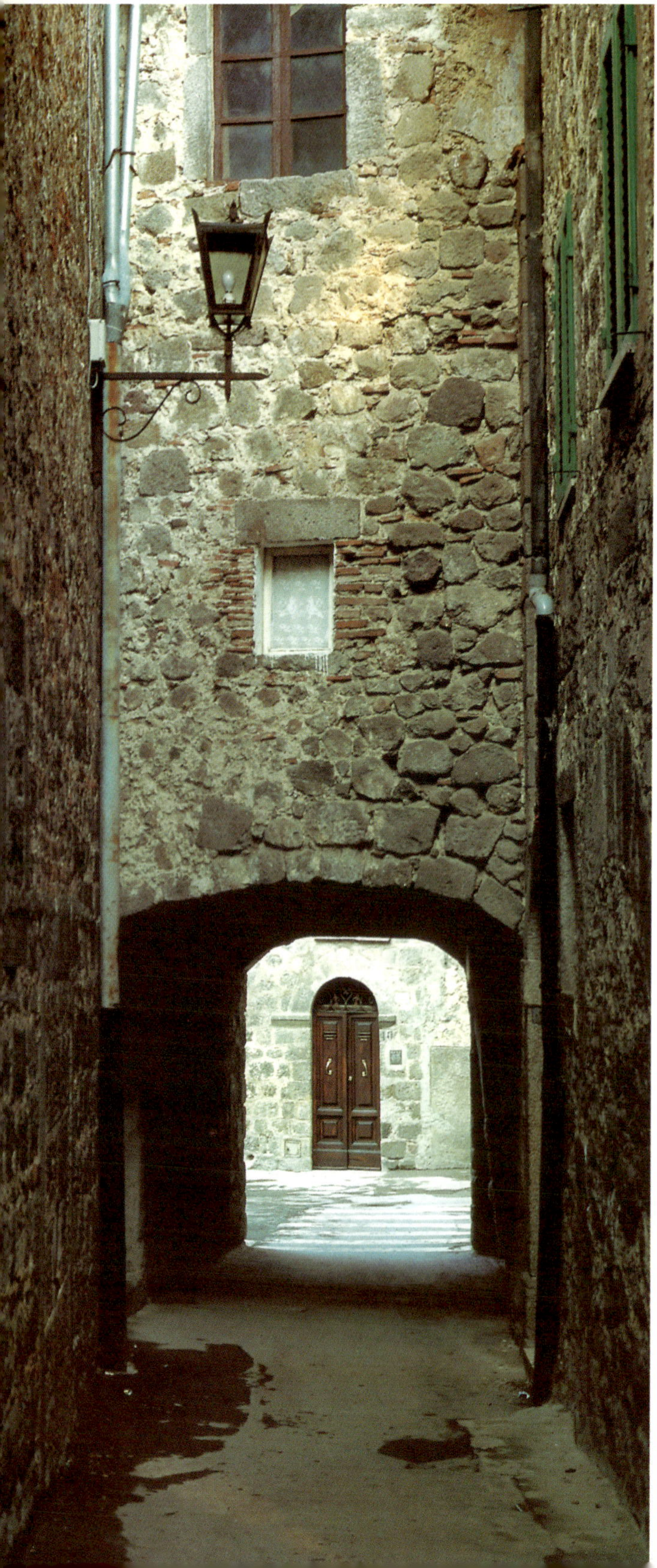

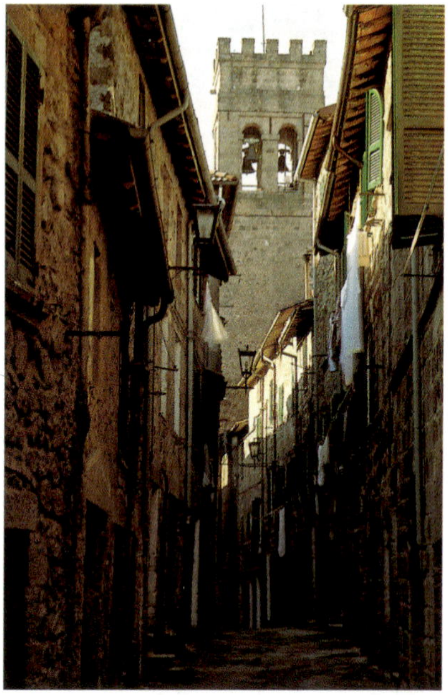

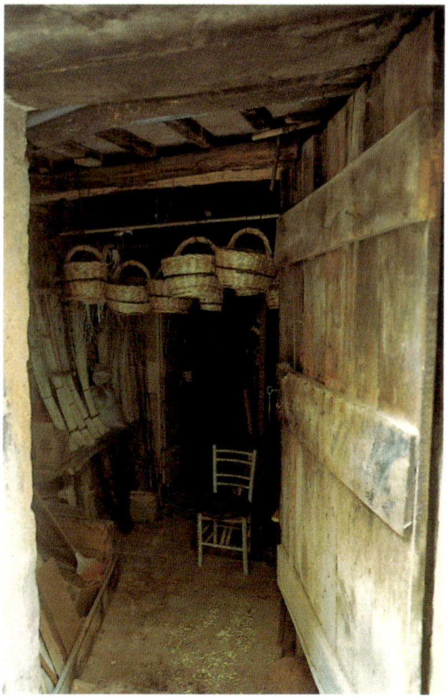

阿巴迪亚的传统和变化：马兹尼街上传统特产的现代包装（上图）与这条街上的铁匠和裁缝的徽标形成鲜明的对比（右两图）；在古镇上，圣克洛斯教堂塔俯瞰着这里窄窄的小街，拱门横跨小街，还有袖珍的传统小商铺（P.184图）

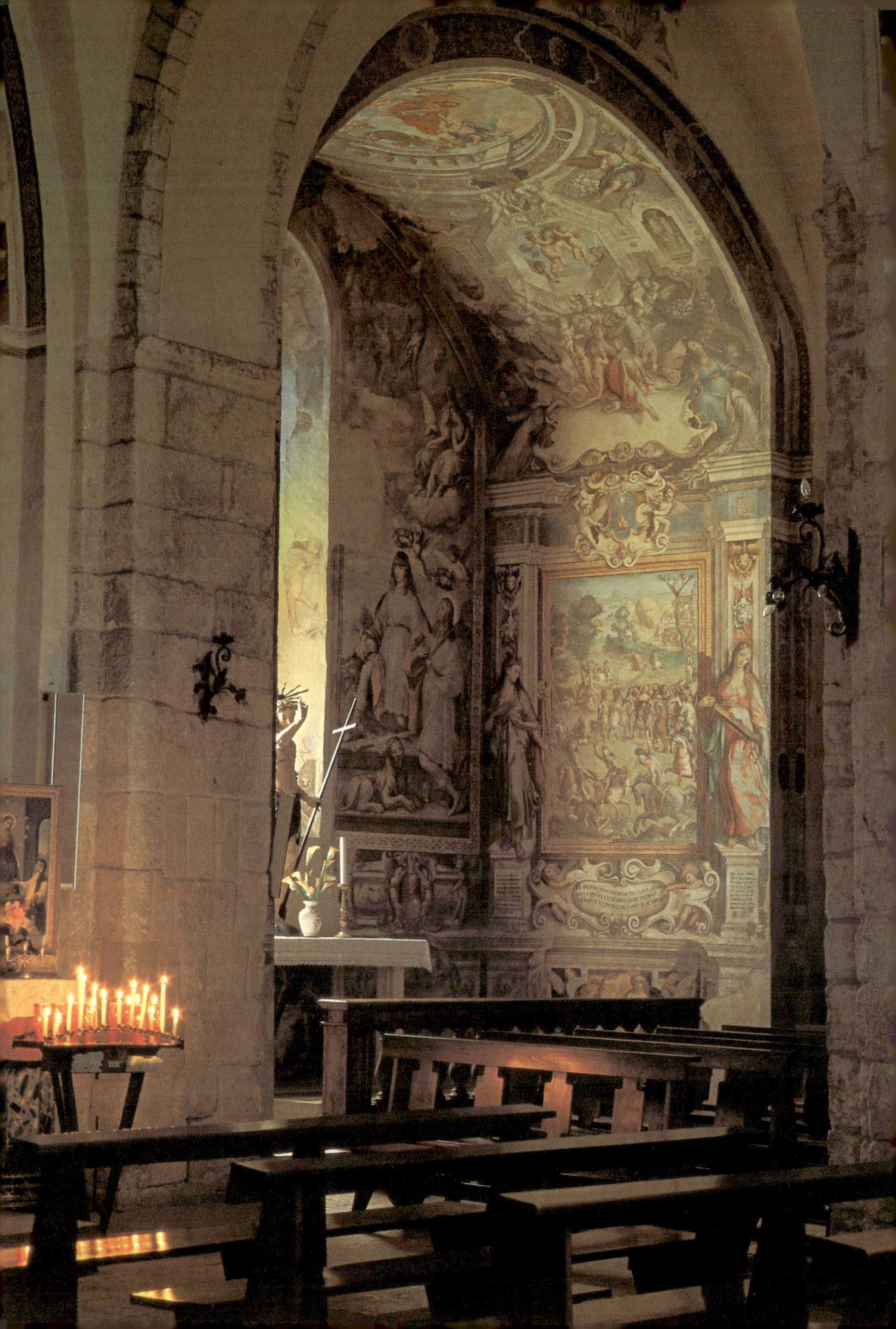

修道院教堂的拱点上的壁画（P.186图）是朱塞佩·纳斯尼在16世纪早期画的。12世纪的十字架(左上图)，1694年弗朗西斯科·纳斯尼画的圣巴瑟罗缪受难图，（左下图）36根柱子支撑的地下室（上图），这些都是这里的珍宝。

187

萨图尼亚
Saturnia

伊特鲁斯坎人的坟墓（下两图）表明了萨图尼亚是一座古村落的事实；教堂里的壁画（P.189下右图）表明了这个乡村在中世纪的重要地位，其中有一幅描绘的是教堂的赞助者跪在圣彼得大帝的脚下，以示尊重。这个乡村也是充满生活气息的地方，晾洗的衣物和人们在喷泉旁边修理车胎的景象（P.189上图、下左图）。

萨图尼亚坐落在阿尔博格纳河上游河谷岩石隆起的地方，以前伊特鲁斯坎人在这里定居过，并取名为奥雷尼亚（Aurinia）。罗马人将乡村的名字改为萨图尼亚，因为他们认为这个乡村是宙斯神朱庇特之父建造的。依然被多角石与方形石建成的墙保护着，乡村很有可能在伊特鲁斯坎时代之前就已经存在了。在附近的潘通（Puntone）和皮安迪帕尔马（Pian di Paima）有伊特鲁斯坎的坟墓，位于皮安迪帕尔马（Pian di Paima）的派力基纳之墓可以追溯到公元前5~6世纪，是一座最奢华的坟墓。

萨图尼亚是一个小乡村，但却被人们所赞美着，曾赞美过它的伟人有李维（Livy）、浦林尼、赫罗多斯、哈利卡纳苏斯古城的狄俄尼索斯。在接下来的世纪里，这里是动荡与繁盛并存。

萨图尼亚曾被萨拉森人袭击，被阿多布拉德斯奇包围，也遭受过锡耶纳人的洗劫，1419年卢卡·迪·巴尼亚卡瓦洛在这里建了防御城堡，在美第奇家族统治时期，乡村已建成，最终亚拉贡的希曼乃斯统治了这里。

现在村庄的入口处是波尔塔罗马纳教堂，教堂中世纪的拱门建在乡村的白墙中间。乡村的街道主要还是古罗马风格的，沿克罗迪亚街向前就可以到达宏伟的韦陀里奥威尼托露天广场。乡村的左面是这里的教堂建筑，里面的本韦奴托·乔瓦尼画的《圣母和孩子》非常有名，本韦奴托·乔瓦尼15世纪时非常有名气。教堂的旁边是城堡建筑的遗迹和奇雅酒园庄园（Ciacci）建筑，建筑是一战之前不久模仿中世纪的一座城堡而建的，但是这座建筑却与乡村的其他建筑完美地相融在一起。

向南3千米处是泰尔梅迪萨图尼亚的硫磺泉，水温高达37.5℃，在缓缓流淌的瀑布中冒着气泡，瀑布边还能看见摇摇欲坠的石磨。

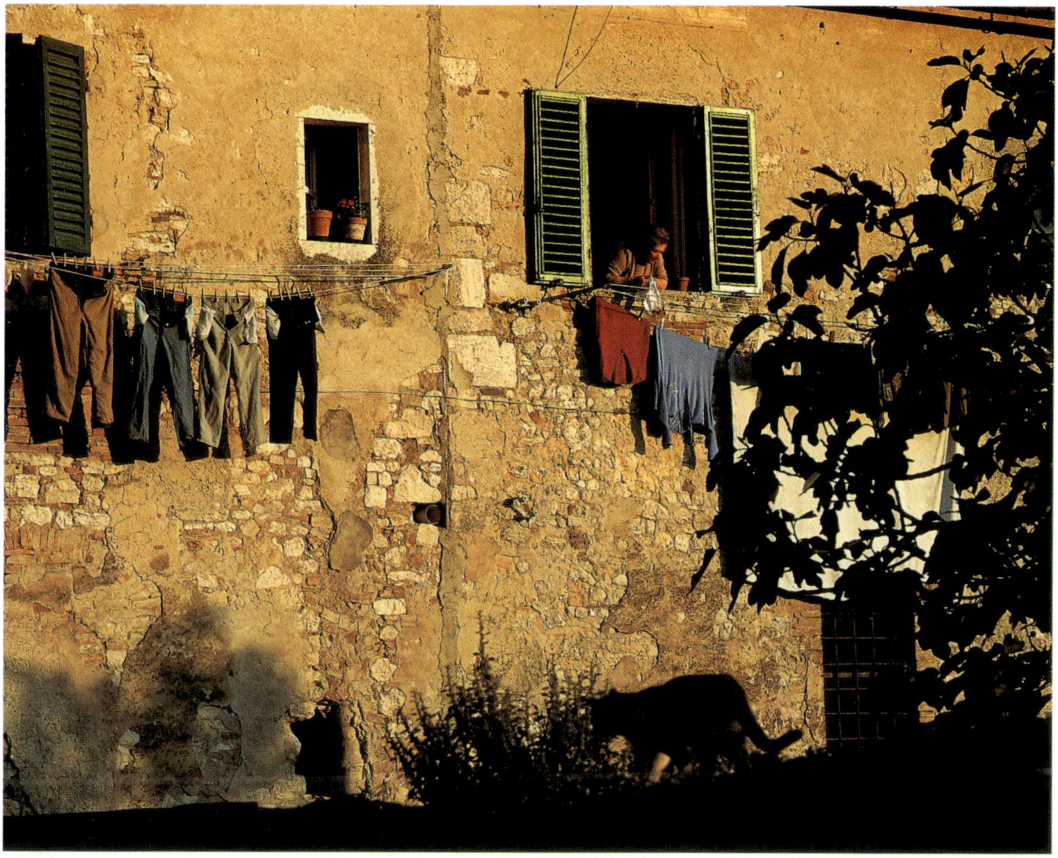

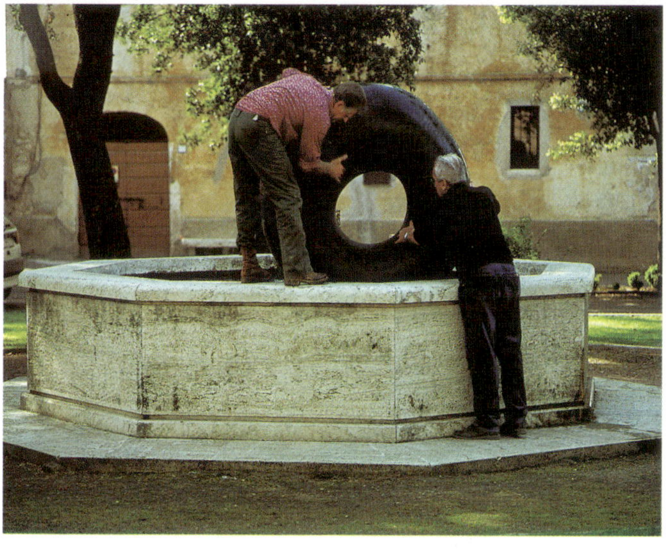

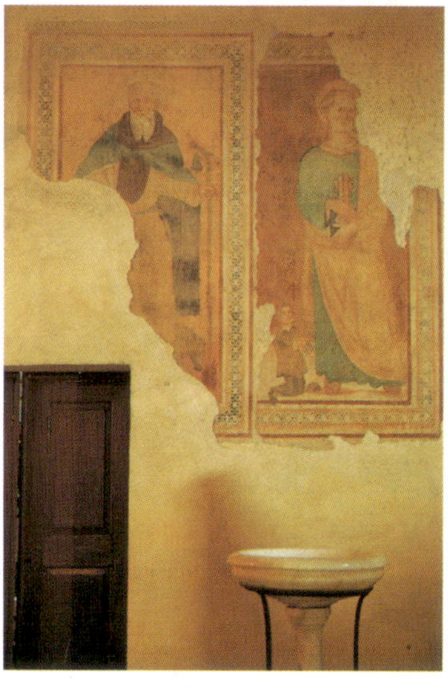

皮蒂利亚诺
Pitigliano

皮蒂利亚诺傲然屹立在海拔313米的火山石灰岩上，俯瞰着三个深深的沟壑。在这座安静的乡村里有很多伊特鲁斯坎人筑的坟墓，就建在悬崖下层低洼的洞里，现在这里被人们用作杂物储藏室。罗马人和伊特鲁斯坎人以及中世纪的阿尔德布兰德斯奇家族都认为皮蒂利亚诺是一座具有防御作用的乡村。接下来，奥斯尼家族1293年战胜了阿尔德布兰德斯奇家族成为这个地区的领主，在其统治时期，皮蒂利亚诺支持的是圭尔甫派，圭尔甫派与教皇一起反对吉柏林派。1545年建成的城堡加固了对村庄的防守。就在同一年为了确保乡村的水源供应，吉安·弗朗西斯科·奥斯尼修建了沟渠，现在沟渠的两个大拱门和13个小拱门依然可以看得到。

皮蒂利亚诺建于中世纪的那部分现在还保存完好，风景如画的罗马路横穿这里，还有雕饰精美的台阶。这个地区的建筑财富包括13世纪的圣彼得和保罗大教堂，教堂的钟楼曾被用作当地的钟塔。教堂的大部分原始装饰都在巴洛克时期被改装。教堂里面有18世纪的皮蒂利亚诺之子——弗朗西斯科·足卡莱利（Zuccarelli）的画，他于1752年移居到英国，并且还是皇室学院的创始人之一。

乡村里还有文艺复兴晚期1509年的圣玛丽亚教堂。这里最好的世俗建筑是宏达的奥斯尼宫殿，起初是奥斯尼家族的最主要宅邸。宫殿建于13世纪，14世纪时被扩建，16世纪时由建筑师茱莉亚诺·达·桑格拉最终完成。宫殿最大的特色是它15世纪的雕饰精美的大门。

皮蒂利亚诺还以葡萄酒闻名，这里的葡萄酒是桑娇维塞黑葡萄酿成，大家耳熟能详的基安蒂葡萄酒也是用这种葡萄酿制成的。

皮蒂利亚诺看上去就好像是从崎岖的火山岩石上直接钻出来的一样（右图）

地理位置
位于意大利托斯卡纳大区南部地区，海拔330米。

交通
先到意大利的奥维多市再向西52千米可到达。

风土人情及节日
每年9月12日-14日都会举行盛大的葡萄酒节。

美食及推荐餐馆
叫"Torzetto"的甜食和叫"Sfratto"的小吃是特色美食。

住宿
Hotel Corano.

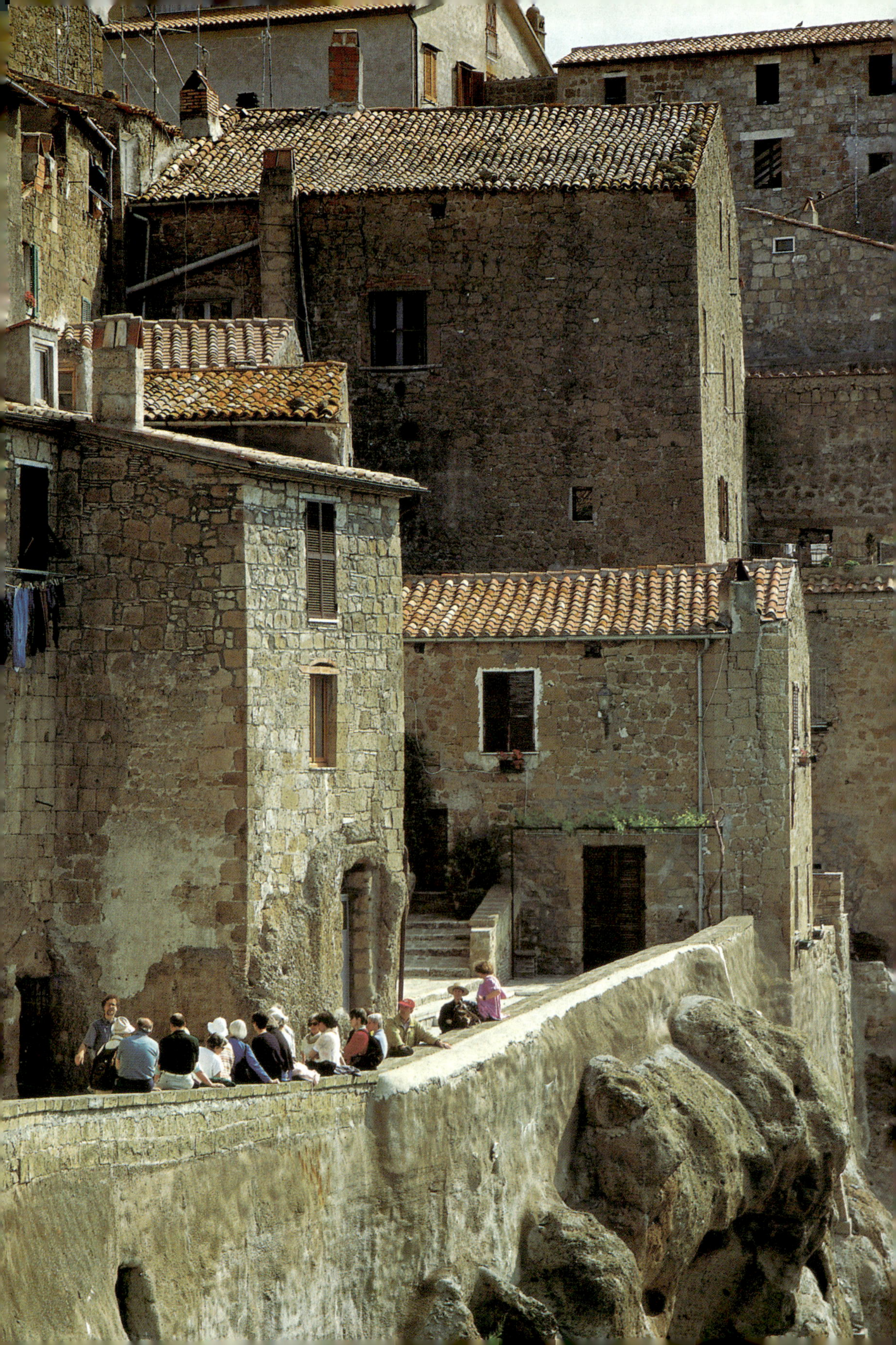

皮蒂利亚诺物产丰富，错综交叉的街道、各式各样风格的房屋（P.192图）和城堡吸引了大量的游客，乡村里有一座精良的城堡（上两图），还有一座沟渠；当然最大的特色是奥斯尼宫殿，在这里我们可以看到宫殿雕刻精美的大门（左图）

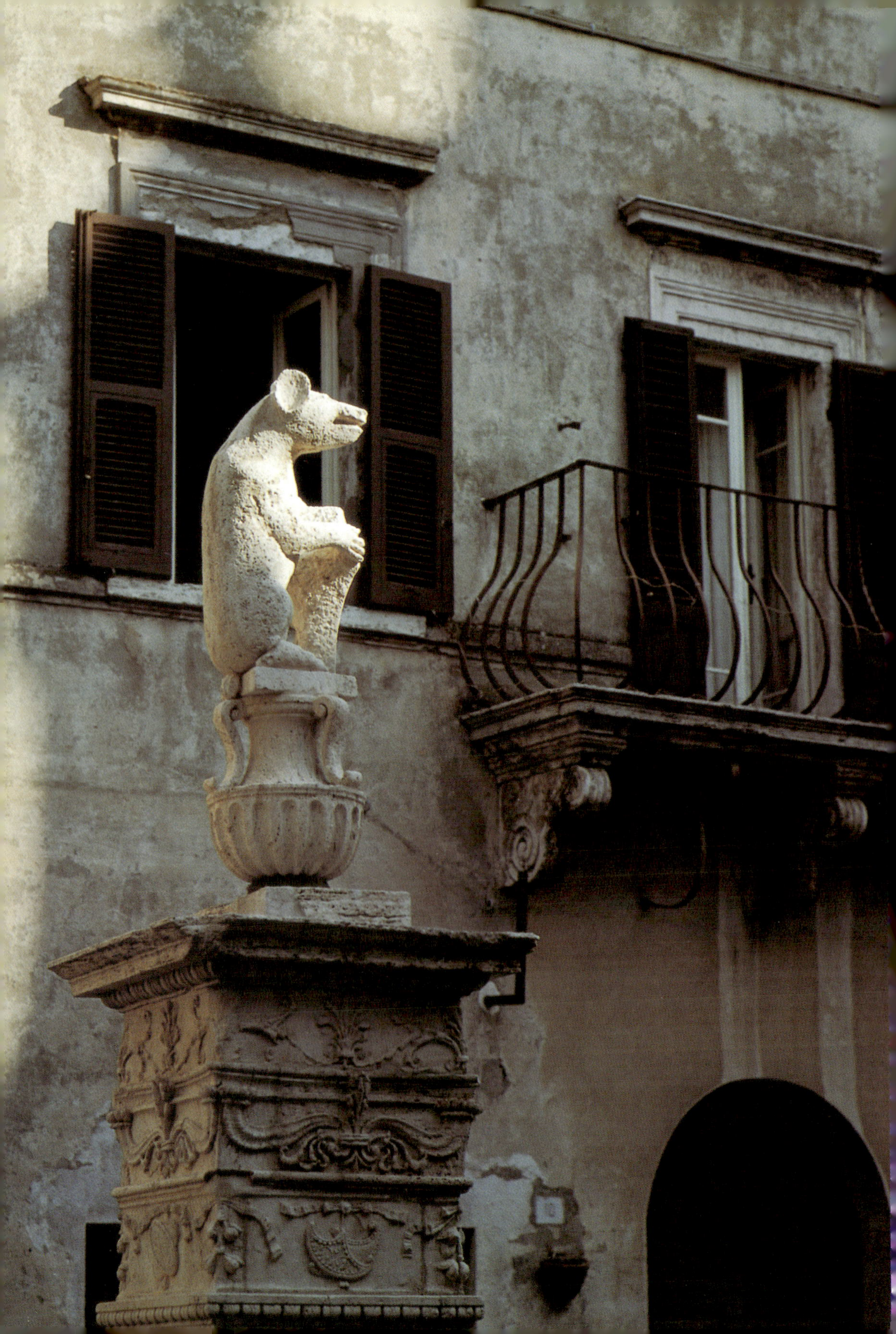

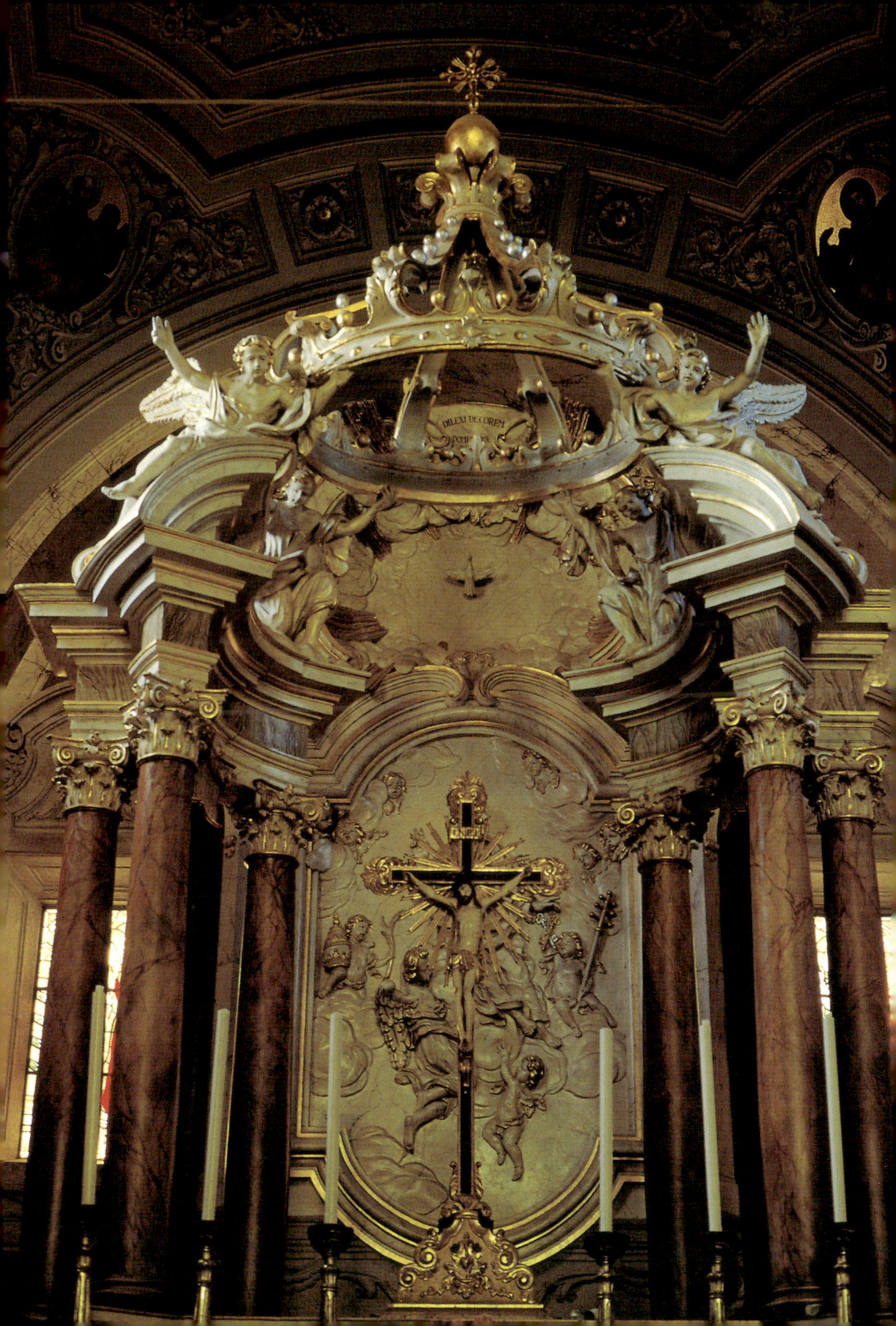
DILEXI DECOREM
INRI

皮蒂利亚诺有很多精美的宗教及世俗建筑：奥斯尼家族的吉祥物标识熊雕塑（P.194图），1490年被放在德尔杜莫家族宫殿里；杜莫宫殿宏伟的祭坛（P.195图）。奥斯尼宫殿前面的沟渠是吉安·弗朗西斯科·奥斯尼1545年为了保证这里的水源而修建的，两座大拱门和13个小拱门至今还在（右图）

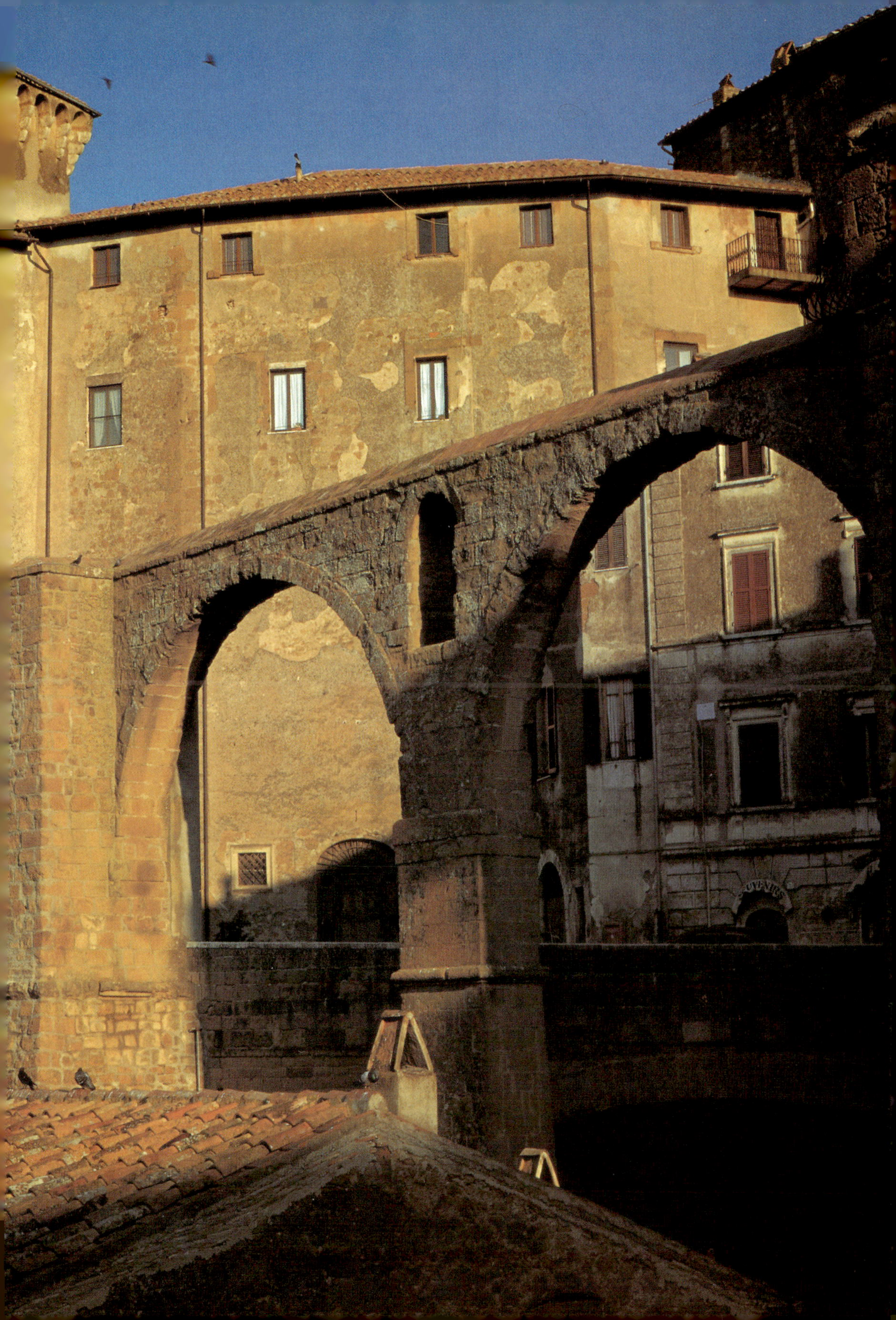

蒙特梅拉诺 *Montemerano*

从橄榄园南部看到的蒙特梅拉诺的轮廓和教堂塔（上图），这座教堂里面的一个珍品是维吉耶塔（Vecchietta）的一个雕塑品，描绘的是圣彼得手捧通往天堂的钥匙（P.199图）

蒙特梅拉诺就像是一个从15世纪穿越到当代的乡村，它坐落在山顶上，周围环绕着橄榄园，在这里还可以欣赏到周围村落的全景。它的城墙建于中世纪，15世纪时被整修，这些墙比这里的橄榄树对乡村的保护作用大得多。

圣西奥尔西奥教堂建于15世纪，就坐落在乡村里面。教堂里有很多上好的宗教艺术品，像木刻的圣彼得雕像，是15世纪时由劳伦佐·迪·比特罗雕饰，还有锡耶纳的撒诺·迪·比特罗的15世纪的多联画屏，佩莱格利诺·迪·玛利阿诺的雕刻——《通告》（Assumption）；15世纪的一位匿名艺术家的作品——《安农恰塔》，人们将他称为"蒙特梅拉诺大师"。教堂的拱点完全是由壁画装饰的，也是15世纪时锡耶纳的安德里亚·迪·尼克罗的一位弟子画上去的，这些画描述的是主显节、耶稣诞生、不朽之父与天使、圣母与婴儿、被屠杀的无辜者、福音传道者和圣人。据说安德里亚的弟子早在13世纪就画了很多画。

这些艺术品还不是蒙特梅拉诺艺术宝库的全部。教堂右边的一座小礼拜堂被改建成一个艺术品博物馆，里面展览了许多撒诺·迪·比特罗的作品：帕多瓦的圣安东尼画像，圣乔治、圣彼得、圣劳伦斯的画像；维吉耶塔（Vecchietta）的木刻的圣彼得雕像也在这里展览着，格外引人入胜。15世纪早期锡耶纳的画家斯特凡诺·迪·乔瓦尼的代表作《通告》也可以在这里找得到。

其他的艺术作品还有13世纪的麦多娜·戴尔·卡瓦路西奥教堂（Madonna del Cavallucio）和一座倾斜的中世纪的塔。

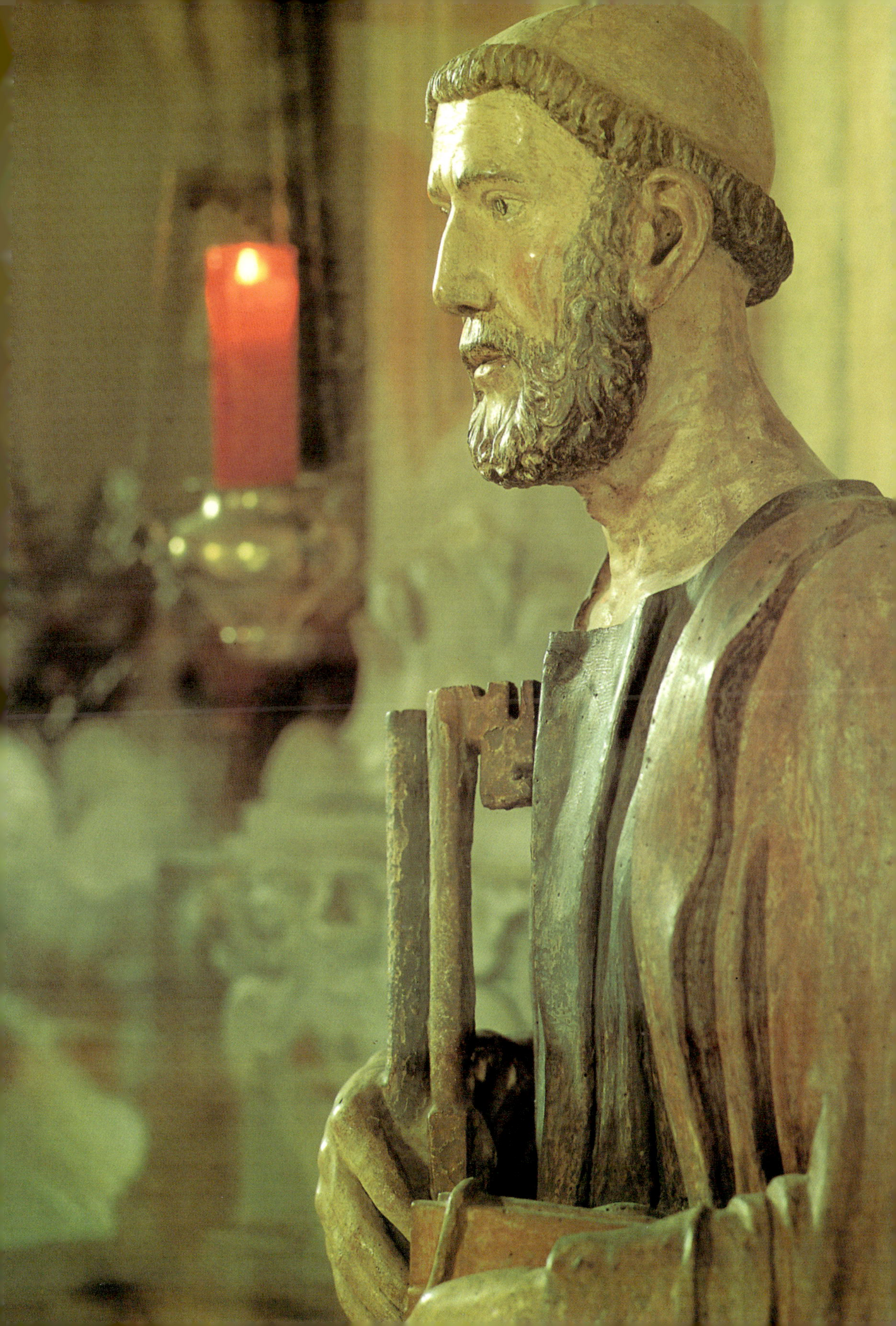

地理位置
位于意大利托斯卡纳大区南部地区，海拔270米。

交通
从锡耶纳向东走S73公路再西南转S322公路可到达。

美食及推荐餐馆
当地供应菜式以传统的托斯卡纳菜为主，当地极有特色的绝佳海鲜菜也值得一尝，以及一些新鲜的面食和自制布丁。餐馆：Villa Acuquaviva, Laudomia, DA Ecchia.

住宿
DA Caion.

蒙特梅拉诺的街道、教堂和花园都体现了托斯卡纳的丰富性与多产性。每一个阳光照射的角落都有很多美丽的花（上图），家庭手工羊毛制品证明了这里一直以来的雕刻传统（右图）

尽管蒙特梅拉诺的大部分建筑是文艺复兴时期的风格，但也还是有一些锡耶纳的后哥特式风格的建筑，例如建于1430年的残破的德普里奥利官殿，外墙用盾形纹章雕饰（上图），藏有这些壁画的圣马丁内斯教堂（右图），将11世纪、14世纪和15世纪的建筑风格都融合在了一起

托斯卡纳的马利亚诺
Magliano in Toscana

坐落在山上的马利亚诺是伊特鲁斯坎人始建，横跨过奥基里亚路。要想找到保存最完好的伊特鲁斯坎人遗迹，就必须到被毁坏但让人印象深刻的11世纪的圣布鲁奇奥教堂去看看，教堂建在托斯卡纳的马利亚诺东南部2.5千米处的橄榄园内，与古老的伊特鲁斯坎墓地相隔不远。

这个乡村的防御工事极其复杂，大部分是在文艺复兴时期建成，然而它们的拱门却是锡耶纳的哥特式风格，因为这些防御建筑是锡耶纳的军事建筑师设计建造的，东南部的部分是13世纪建造的，当时这里还在阿尔德布兰德斯奇家族的统治之下。三座大门将防御建筑隔开，它们是：诺瓦门、圣马力提诺门、圣乔瓦尼门。

另一处文艺复兴时期的建筑是圣乔瓦尼巴迪斯塔教堂，教堂的前墙建于1471年。起初，这是一座11世纪早期的罗马风格建筑，后来又增建了一些文艺复兴和哥特式的风格。圣马蒂诺教堂也有着同样多变的建筑历史，始建于11世纪，14世纪和15世纪时曾两次被重建。

托斯卡纳的马利亚诺还有一些恢宏的世俗建筑，尤其是1430年的哥特式风格的德普里奥利和迪贝罗宫殿建筑，托斯卡纳的马利亚诺镇长的盾形徽章使德普里奥利宫殿的前墙显得更加有活力，德普里奥利宫殿的门还是尖拱顶的。安农西亚塔教堂就在小镇的城墙外面；教堂建于罗马时期，后来被不断扩建；教堂里有壁画以及15世纪早期的画《圣母和婴儿》。教堂的旁边是"巫师的橄榄树"，传说在异教时期，有人在树旁边举行一些具有挑逗性的活动。

越过马利亚诺坚固的防御建筑——圣马利亚诺门看到的周围村庄景色，这座圆形墙里面是一些很好的房屋建筑（右上图），大多建筑的墙都是支离破碎的样子了，这座用精美的栏杆装饰的墙就是一个例子（右下图）

有很多美丽花朵的托斯卡纳庭院（P.204 图、P.205 图），小猫在石阶上享受着玫瑰花和天竺葵的芬芳

地理位置
位于意大利托斯卡纳大区南部地区，海拔 100 米。
交通
从锡耶纳向东走 S73 公路再西南转 S1 公路可到达。
美食及推荐餐馆
当地极有特色风味的架烤野猪非常值得一尝，以及一些新鲜的面食和自制的葡萄酒。餐馆：Antica, Laudomia.
住宿
Molino.

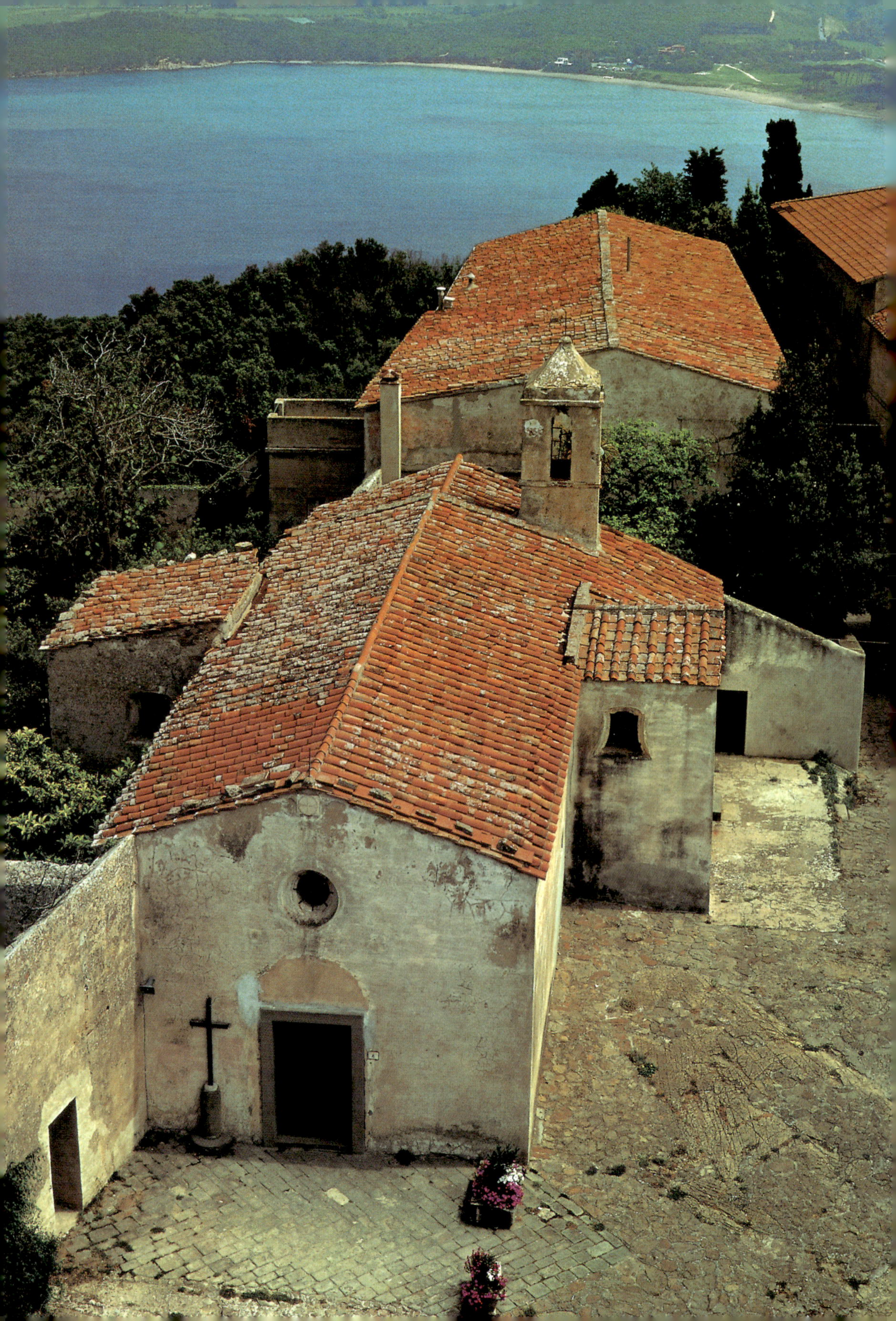

波普罗尼亚
Populonia

波普罗尼亚是伊特鲁斯坎人建造的一座小小的呈四边形的中世纪乡村,也是托斯卡纳唯一一座港口乡村。这里因坐落在米格里阿诺的自然公园里而更加迷人,米格里阿诺自然公园占地350公顷,是一座沿海的防御区域,大片的松树林一直向下延伸到沙滩上。

伊特鲁斯坎人给这里起名叫波普卢纳(Popluna)。乡村里有炼铁工业,矿石来自艾尔巴岛,他们还在这里修建了大坟墓,从公元前8世纪开始,一直用了600年。现在,伊特鲁斯坎人的古墓成为游客游览的热门景点,有些人很敬仰他们建的这些大墓地,在这里还可以看见当时的二轮战车和青铜器人物塑像,这些遗迹现在也都移到了当地的博物馆里。博物馆里还展览着他们的铁或青铜制大烛台,狄俄尼索斯的塑像(上面还有半人半兽和女人头),雕饰精美的花瓶、墓碑、石棺(里面躺着沉睡的人物像)。

乡村有一些用于防御的墙,大多是14世纪修建的。伊特鲁斯坎人的遗产都能从恢宏的石头建筑里找到。这里曾是查理德大帝的一个封地,他后来将这里封给了教皇哈德良一世。不久,这个乡村又成为一个大主教的领地,但当公元835年大主教将这里交给马萨·马蒂马掌管后,这里的地位就下降了。再后来,波普罗尼亚一直很平静,没有什么大事发生,所以,这里的一切就完好地保留给了这里的子子孙孙。

除了伊特鲁斯坎人的遗迹,这里的主要纪念当属一座中世纪堡垒建筑——迪波普罗尼亚塔。这座塔两边还有两个小圆齿状的塔,一个是圆柱形的,另一个是方形的。在天气晴朗的时候,在城堡上可以看见沿海岸而上一直到里窝那的壮丽美景。

波普罗尼亚是意大利最古老的港口之一,它俯瞰着一个隐蔽宁静的小港湾(左图),这个港湾给教堂庄严的屋顶和墙壁以及其他的房屋建筑提供了美丽的背景色;这里的房屋都簇拥在大家可以看见的堡垒(上图)脚下

地理位置
位于意大利托斯卡纳大区南部地区，海拔 50 米。

交通
从锡耶纳先向西走 S439 公路再向西北转 S1 公路可到达。

最佳旅行时间
夏季。

美食及推荐餐馆
Antonio.

住宿
Park Molino, Rivachia.

波普罗尼亚最古老的那部分坐落在树木繁茂的小山之顶（上图）；中世纪堡垒（右上图）的圆柱形的塔和方形的塔使小山的景色与众不同。在这座巨大的军事堡垒下面，是通往大家公认的装饰简单的露天广场（右下图）的宁静小路。

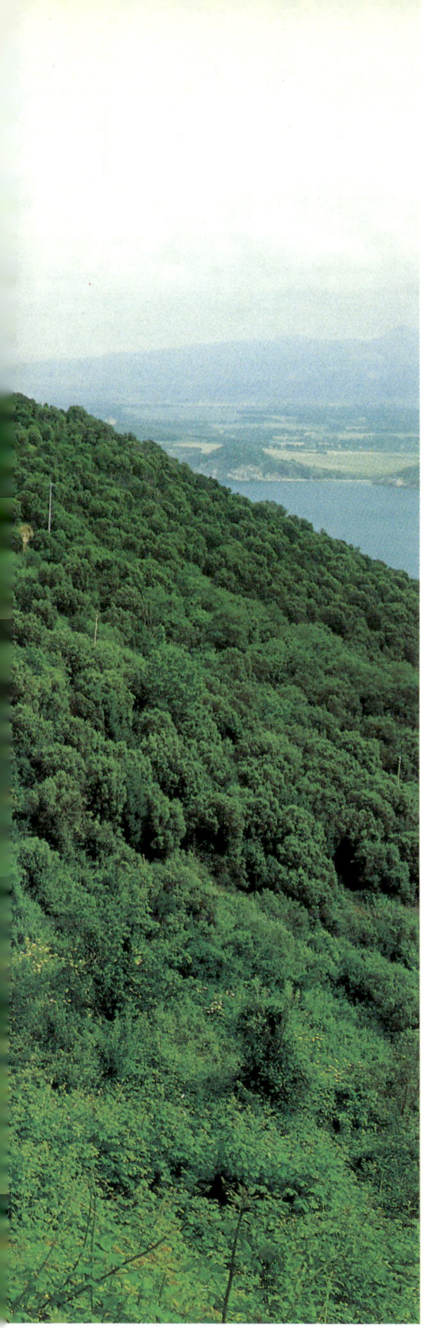

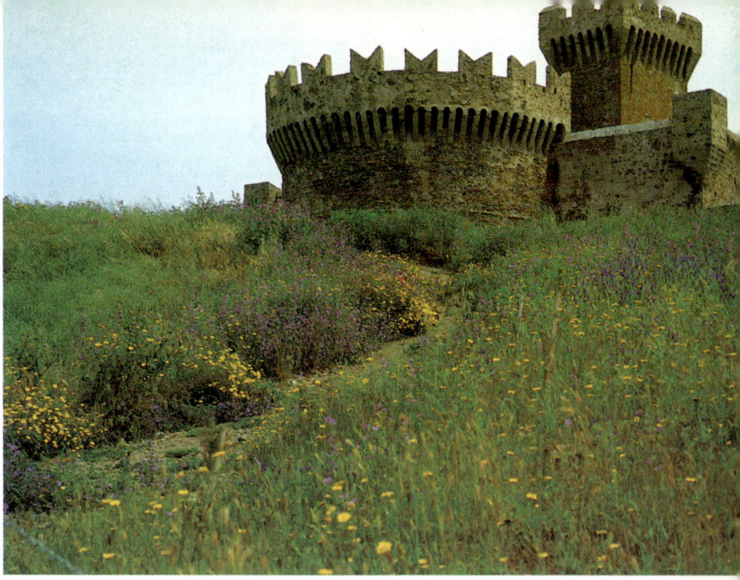

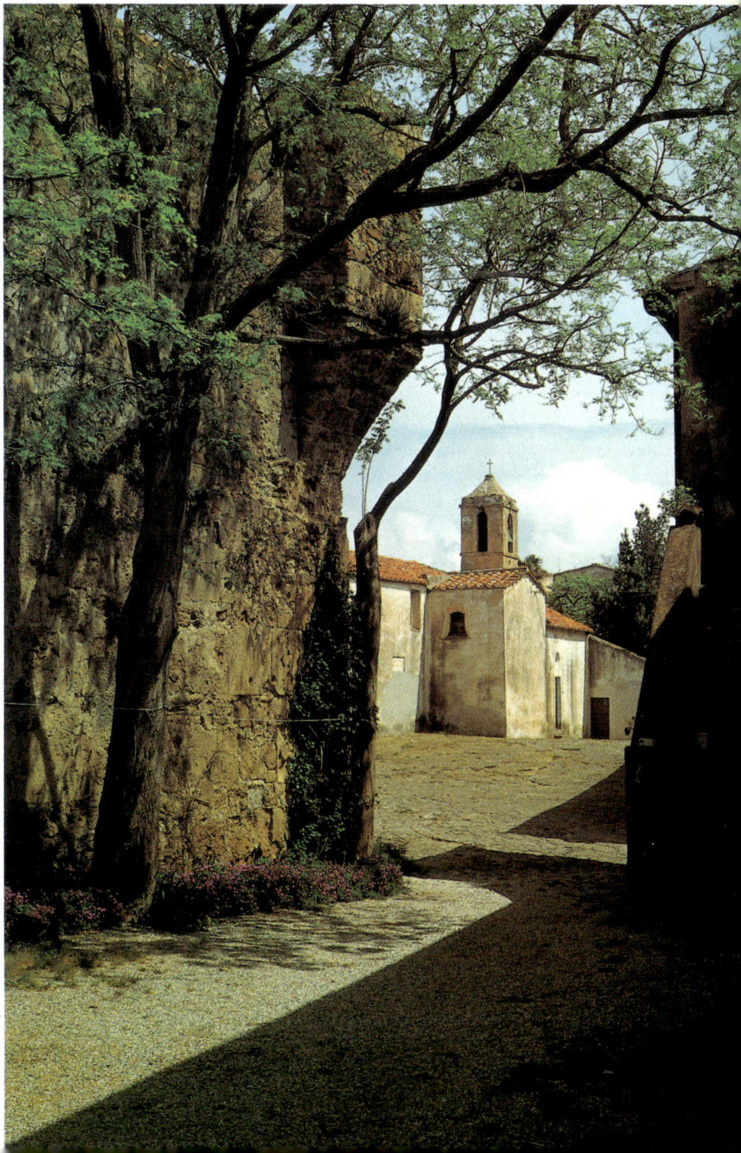

从海湾另一面的沿海松树林看去，波普罗尼亚就在现代的小海港（右图）上面俯瞰着。伊特鲁斯坎人的坟墓（下两图），恢宏气派，彰显了曾被称为波普卢纳（Popluna）的悠久历史

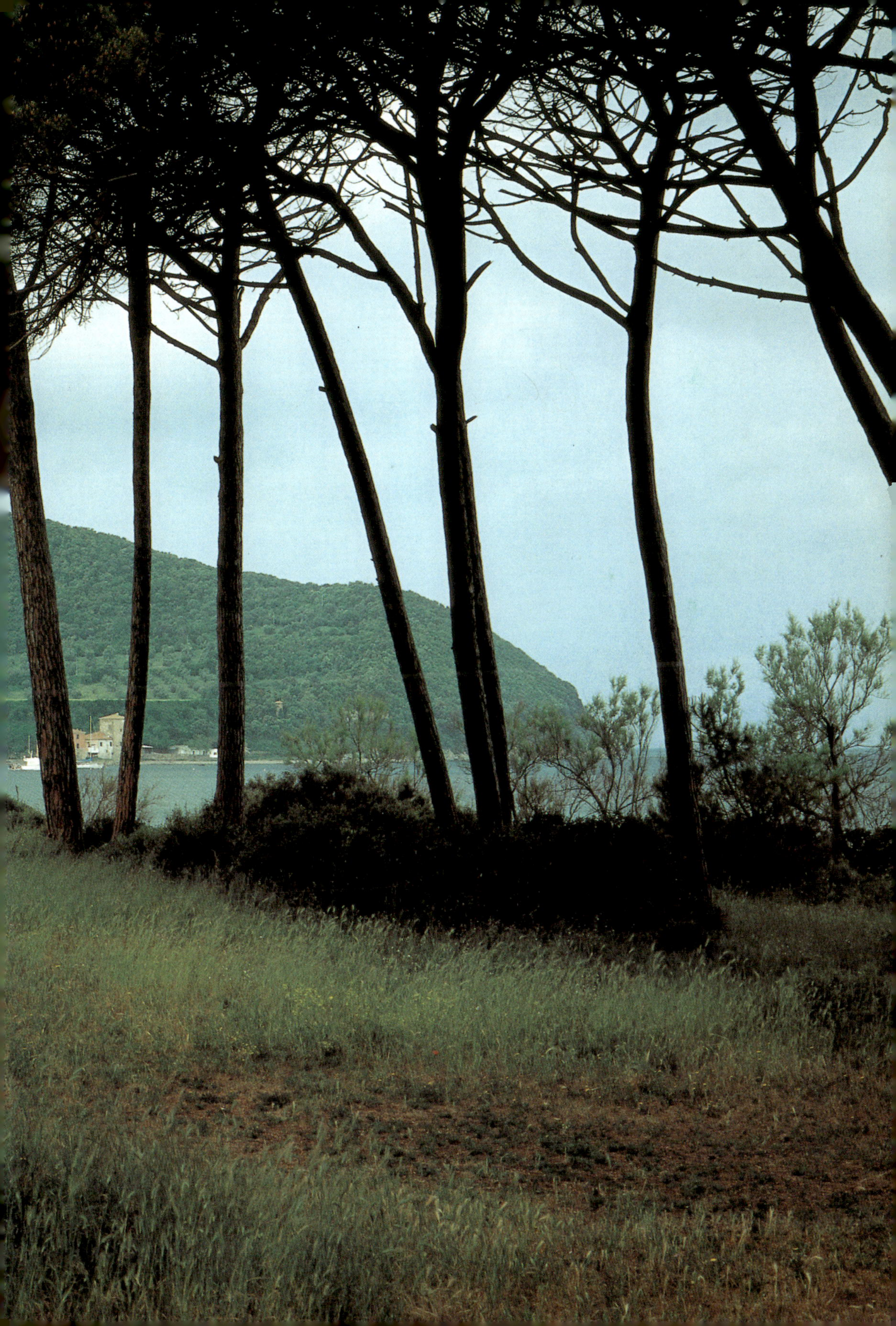

安塞多尼亚
Ansedonia

安塞多尼亚早在耶稣出生前300年就建立了，它坐落在奥尔贝特罗（Orbetello）南部的海滨，曾经是古罗马的科萨城。罗马人选了一个俯瞰布撒诺泻水湖的美景处建了这座乡村，由奥雷利亚路可以到达这里，在内战时期，这里成为古罗马的一个行政区，并且在镇上建了城墙和18个现在仍保存完好的塔。西哥特人、萨拉森人、锡耶纳人都没能破坏这个乡村，原因是这里的防御建筑修得很坚固。

通过罗马纳门——古门建筑中保护得最完好的门，进入罗马广场，在这附近还有一座被重修过的房屋建筑，考古学家在这里发现了上好的摩西式的人行路和一些壁画艺术品。安塞多尼亚的寺庙建筑已经不存在了（还有一些是为朱诺、朱庇特、密涅瓦而建的寺庙遗址）；但是人们仍然可以爬到卡皮托利山顶去眺望詹奴特里岛、奥尔贝泰罗、阿尔根塔里奥山和泻水湖美丽迷人的景色。后来建的一些比较重要的建筑包括15世纪的圣比埃古教堂，它建于一座罗马坟墓之上（很可能是一位圣人之墓）。

安塞多尼亚是格罗塞托省最南部的乡村，是一座坐落在树木繁茂的乡村的港口乡村。现在，村庄周围布满了度假小别墅，这些别墅不事雕琢、简单大气。我们不能忘记是伊特鲁斯坎人和罗马人的遗迹使得这里声名远播，比如罗马人曾在这里挖沟渠将港口与布撒诺泻水湖连接，现在人们给沟渠起了一个比较怪异的名字——塔利亚塔伊特鲁斯卡。普切尼在撰写《托斯卡纳》时曾在安塞多尼亚的德拉泰格里亚塔里居住过。在乡村的外面，还有另一处古罗马宅邸也被现代人发现，这座建筑建于公元前1世纪，周围环绕的是古罗马人的农场。

安塞多尼亚挖掘出的文物大多是古罗马统治这里时的遗产，例如左图的这个人体躯干雕塑；更接近现代的一处成就是这里的德拉塔戈里阿塔（右图）

212 · The South

地理位置
位于意大利托斯卡纳大区南部地区，海拔 50 米。

交通
从锡耶纳走 S73 公路再转 S1 公路可到达。

最佳旅行时间
夏季。

美食及推荐餐馆
当地供应的菜式以极有特色风味的海鲜菜为主，传统的托斯卡纳菜也值得一尝，以及一些新鲜的面食和自制的葡萄酒。

住宿
Le Rocce, Vinicio.

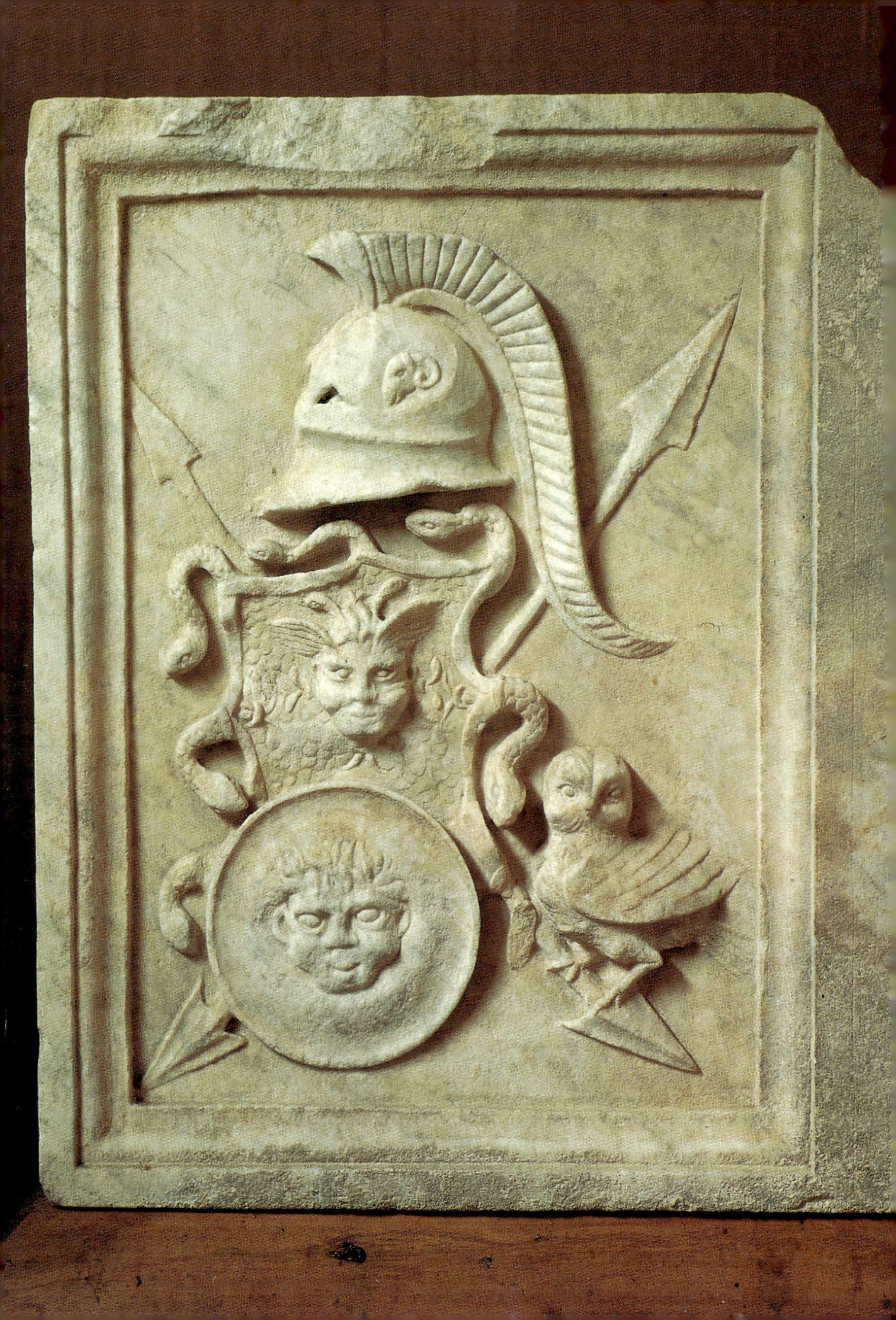

参考文献 Select Bibliography

哈罗德·阿克顿. 托斯卡纳的别墅建筑. 伦敦, 1973.

伯顿·安德森. 葡萄酒城. 伦敦, 1980.

斯特凡诺·阿德图. 阿米亚塔山的历史、自然、秘密一览. 阿巴迪亚圣萨尔瓦托, 1994.

艾尼奥·八左尼. 佛罗伦萨：蒙加罗, 普拉图马格诺, 卡森迪诺, 瓦尔迪基安纳. 佛罗伦萨, 1992.

詹姆斯·本特利. 托斯卡纳旅游手册. 伦敦、纽约, 1987.

拉塞尔·钱柏林. 佛罗伦萨和托斯卡纳. 巴森格斯托克, 1994.

戴尔·贝卡罗. 普罗文斯迪卢卡. 卢卡, 1964.

查尔斯·狄更斯. 意大利之景. 伦敦, 1848.

加特斯齐. 盛宴下的托斯卡纳. 佛罗伦萨, 1971.

黑尔·希拉. 佛罗伦萨和托斯卡纳. 伦敦、纽约, 1992.

伊波西亚德利·约莱维奇. 圣吉米尼亚诺美丽的塔. 圣吉米尼亚诺.

乔纳森·基特斯. 托斯卡纳. 伦敦, 1988.

普罗文斯·迪·格罗塞托. 旅游区圭达. 罗马, 1965.

劳伦斯. D. H. 伊特鲁斯坎. 伦敦, 1932.

劳伦斯. D. H. 如花的托斯卡纳. 哈尔门德斯华斯, 1950.

阿尔塔·麦克亚当. 托斯卡纳旅游指南. 伦敦, 1993.

吉奥吉纳·马森. 意大利的别墅和官殿. 伦敦, 1959.

泸西阿诺·比阿扎. 阿米亚塔山之历史文化. 佛罗伦萨, 1991.

劳拉·来森. 托斯卡纳选集. 伦敦, 1983.

皮耶罗·泰龙. 近海沼泽地之景. 诺瓦拉, 1992.

乔治·布尔. 意大利不朽的建筑师、画家、雕刻家生活集. 哈尔门德斯华斯, 1975.

惠特尼. 佛罗伦萨和托斯卡纳旅游指南. 伦敦.

托斯卡纳·第四版. 意大利旅游俱乐部提供. 米兰, 1974.

则培格诺. L 瓦奇. L. 意大利文明手册. 米兰, 1972.

左页图是在罗马的科萨城发现的雅典娜女神的全副盔甲浮雕，科萨城即安塞多尼亚的前身

TUACANY
托斯卡纳

Castiglione di Garfagnana
Castelnuovo Di Garfagnana
Cutigliano
Bagni di lucca
PISTOIA
Uzzano
Collodi
LUCCA 卢卡
Scarperia
Vicchio
PRATO
Artimino
FLORENCE 佛罗伦萨
Stia
Camaldoli
Poppi
PISA
Vicopisano
LIVORNO
Radda in chiati
San gimignano
Castellina in chiati
Monterchi
AREZZO 阿雷佐
VOLTERRA
Casole d'elsa
SIENA 锡耶纳
Monte san savino
Lucignano
Foianodella chiana
CORTONA
Pienza
San zuirico d'orcia
Montalcino
Castiglione d'orcia
Cetona
MASSA MARITTIMA
populonia
Arcidosso
Radicofany
Abbadia san salvatore
GROSSETO
ORVIETO
Saturnia
Sovana
Magliano in Toscana
Pitigliano
Montemerano
ELBA

Tyrrhenian sea

N
0 5 10 20 30 40 Km.
0 5 10 20 30 Miles

ORBETELLO
Ansedonia